Schreib-Stars: So wirst du zum Schreibstar!

Liebe Schülerin, lieber Schüler,

mit diesem Schreibtraining kannst du selbstständig das Schreiben üben. In jedem Kapitel übst du eine Textsorte. Ein Beispieltext und der **rote Faden** zeigen dir den besonderen Aufbau der Textsorte. Wenn du beim Schreiben unsicher bist, kannst du dich an den **roten Faden** halten.

Und so wird geübt:
- Bearbeite die Aufgaben, bis du zu einem Kontrollsternchen kommst.
- Vergleiche deine Arbeit mit dem Lösungsheft und verbessere Fehler. Wenn du fertig bist, mache ein Häkchen in das Kontrollsternchen unten.
- Jetzt darfst du auf der letzten Seite im Heft ein Sternchen einkleben.

- Auf den Seiten **Jetzt bist du dran!** schreibst du einen Text ganz allein. Verfasse ihn auf einem extra Blatt.
- Schätze dich vor und nach dem Üben selbst ein.
- Ist dein Text fertig, darfst du auch hier ein Sternchen kleben.

- Vertiefe dein Wissen! Mit den Tipps und Schreibaufträgen vom Pelikan Pepe kannst du dich richtig fit machen!

- Auf den Seiten 4 und 64 findest du außerdem wertvolle Tipps zum **Texte planen** und zum **Texte überarbeiten**.

- Wenn alle Sternchenfelder auf der letzten Seite beklebt sind, bist du ein **Schreib-Star**!

Viel Spaß beim Üben!

Die Motivation machts! Lobe dich beim Schreiben, dann bearbeitest du die Seiten wie im Fluge!

Inhaltsverzeichnis

Kompetenz Erzählen

Kompetenz Argumentieren

Kompetenz Informieren

Sammle deine Ideen in einem **Brainstorming**.

- Schreibe alles, was dir zum Thema einfällt, auf ein leeres Blatt.
- Setze den Stift dabei möglichst wenig ab.
- Zeit: 3 Minuten

 Bastel dir einen **roten Faden**.

- Lege ihn neben dich.
- Schreibe jetzt möglichst viele Stichpunkte auf ein leeres Blatt.
- Denke an die Aufzählungszeichen.

 Ordne deine Ideen in einer **Mindmap**.

- Der rote Faden hilft dir, die wichtigsten Schlüsselwörter zu finden.

Lege dir ein eigenes Heft an, in dem du gute Wörter und Satzanfänge zu jeder Textsorte sammelst!

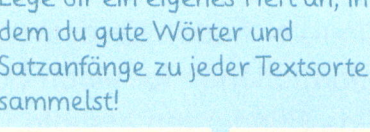

 Gehe auf **Wörterjagd**.

Achte auf diese Symbole im Heft:

 Markiere die Wörter im Text. Die Sprechblase zeigt dir, welche Wörter du suchen sollst.

Verben

 Sammle die Wörter in deiner Wörtersammlung. Die Sprechblase zeigt dir, welche Wörter du aufschreiben sollst.

Satz-
anfänge

1 Im Alltag wird viel beschrieben. In welchen drei Büchern findest du diese Textausschnitte? Verbinde.

> Halte den Löffel über die Flamme und warte bis das Wasser verdunstet ist....

_____

> Frittiere die Kartoffelstücke. Wenn sie goldgelb sind, kannst du sie herausnehmen…

_____

> Du sägst alle Holzteile zu und rundest die Kanten mit Raspel, Feile und Schmirgelpapier ab.

_____

MEIN KOCHBUCH

LEICHTE WANDERUNGEN

WERKEN MIT HOLZ

EXPERIMENTE FÜR KINDER

BASTELN MIT PAPIER

2 Schreibe die passende Textsorte unter die Textausschnitte.

Versuchsbeschreibung   Rezept   Bauanleitung

3 Überlege, was für eine Beschreibung wichtig ist. Kreuze an.

☐ Ich beschreibe **genau** und verwende **passende Fachwörter**.

☐ **Wichtige Hinweise**, **Erklärungen und Tipps** zum Vorgehen lasse ich aus.

☐ Ich würze den Text mit **wörtlicher Rede** und **bildlichen Redensarten**.

☐ Ich achte auf eine **logische Reihenfolge** und eine übersichtliche Darstellung.

Verben

… zuerst …

… dann …

… nun …

… als Nächstes …

… daraufhin …

… zum Schluss …

Das ist der rote Faden. An ihn kannst du dich halten!

Rezept für Gemüselollis

Zutaten:
– 1 dicke Salatgurke
– 2 dünne Karotten
– ca. 20 Zahnstocher
– 1 halber geschälter Kohlrabi

Arbeitsmittel:
– Sparschäler
– Apfelstecher
– Küchenmesser
– Schneidebrett

So geht's:

1. Schäle zuerst die Karotten und die Gurke mit dem Sparschäler. ◯

2. Schneide die Gurke dann in zwei ungefähr 10 cm lange Stücke und höhle beide mit dem Apfelstecher aus. ◯

3. Schiebe nun je eine Karotte in ein Gurkenstück. ◯

4. Schneide die beiden Gurken-Karotten als Nächstes in Scheiben. ◯

5. Stecke die Gurken-Karotten-Scheiben daraufhin auf Zahnstocher. ◯

6. Setze die fertigen Gemüselollis zum Schluss auf den halben Kohlrabi. ◯

Fertig! Guten Appetit!

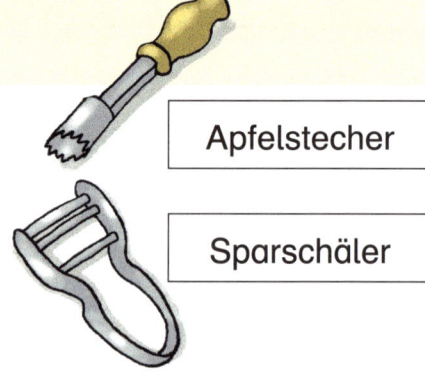

Apfelstecher

Sparschäler

1 Lies das Rezept. Nummeriere die Bilder in der richtigen Reihenfolge.

2 Wie ist das Rezept aufgebaut? Beschrifte den roten Faden.

Schlusssatz   Anleitung   Überschrift   Zutaten und Arbeitsmittel

3 Hier findest du drei ergänzende Sätze zum Rezept. Wo passen sie gut hin? Trage die Zeichen *1, *2, *3 in den richtigen Kreis in der Anleitung ein.

*1 Vorsicht: Der Apfelstecher ist scharf.

*2 Jede Scheibe ist ungefähr 1cm dick.

*3 Lass bei der Gurke immer ein Stück Schale stehen, so entsteht ein Muster aus hell- und dunkelgrünen Streifen.

Hast du etwas Wichtiges vergessen? Verwende nummerierte Sternchen *1, *2, *3.

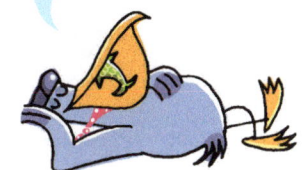

Fach-
begriffe

1 Beim Kochen und Backen gibt es viele Fachwörter. Verbinde jedes Verb mit der passenden Erklärung.

pürieren

dünsten oder garen

steif schlagen

mixen

raspeln

schmelzen

abschmecken

unterheben

Butter oder Schokolade langsam bei wenig Wärme flüssig werden lassen.

Lebensmittel mit dem Mixer stark zerkleinern.

Gemüse mit etwas Wasser und wenig Temperatur solange kochen bis es weich (gar) ist.

Fast fertiges Essen mit Gewürzen wie Salz und Pfeffer so würzen, dass es einem schmeckt.

Nahrungsmittel mit einem Pürierstab zerkleinern bis Brei entsteht.

Sahne oder Eiweiß mit dem Rührgerät bearbeiten bis es fest (steif) ist.

Schokolade oder Nüsse in kleine Stücke reiben.

eine Masse mit Spachtel oder Löffel vorsichtig einmischen und unterrühren.

Kennst du noch mehr Fachwörter zum Thema Kochen und Backen?

2 Bilde sinnvolle Sätze.

Die Schokolade	mit dem Sparschäler	abschmecken.
Die Sahne	im Wasserbad	schälen.
Die Suppe	auf der Küchenwaage	schmelzen.
Die Gurke	mit Salz und Pfeffer	abwiegen.
Den Zucker	mit dem Rührgerät	steif schlagen.

3 Kennst du die Abkürzungen? Trage sie richtig ein.

Fach-
begriffe

1 Esslöffel = 1 _____   1 Kilogramm = 1 _____

1 Teelöffel = 1 _____   1 Gramm = 1 _____

1 Messerspitze = 1 _____   100 Milliliter = 100 _____

1 Päckchen = 1 _____   1 Stunde = 1 _____

g   h   kg   EL

TL   Pck.   ml   Msp.

Verben

1 Ergänze in der Tabelle die fehlenden Verbformen. Markiere die Endungen.

Grundform	Du-Form	Aufforderungsform
mischen	du mischst	mische
	du backst	
rühren		
		forme
	du wälzt	
		zerkleinere

Arbeits-mittel

2 In diesem Rezept haben sich die Verbformen vermischt.
a) Kreise die Verben in drei verschiedenen Farben ein.
blau: Grundform   grün: Du-Form   rot: Aufforderungsform

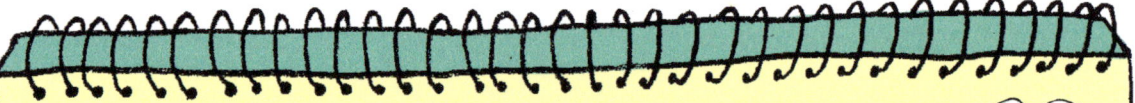

Rezept für Pfannkuchen

Zutaten: 250g Mehl, 1 Prise Salz, 325 ml Milch, 175 ml Mineralwasser, 4 Eier, Butter zum Braten

So geht's:

1. Zuerst das Mehl in einer Rührschüssel mit dem Salz mischen.
2. Nun gibst du die Milch und das Wasser hinzu und verrührst es mit dem Schneebesen.
3. Anschließend die Eier hinzufügen und den Teig kräftig schlagen.
4. Erhitze als Nächstes das Fett in der Bratpfanne.
5. Jetzt gibst du mit der Schöpfkelle eine Portion Teig in die Pfanne und verteilst sie durch Schwenken der Pfanne zu einer dünnen Teigschicht.
6. Den goldgelben Pfannkuchen wenden und auf der anderen Seite fertig backen.

Guten Appetit!

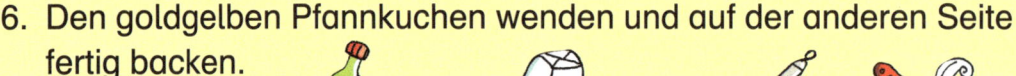

b) Schreibe hier das Rezept in der Aufforderungsform auf.
Ergänze auch die Zutaten und die Arbeitsmittel.

Rezept für Pfannkuchen

Zutaten: _____

_____

Arbeitsmittel: _____

_____

So geht's:

_____

_____

_____

_____

_____

_____

_____

_____

_____

_____

_____

Du kannst ein Rezept auch in
der Ich-Form oder Du-Form
schreiben. Aber entscheide
dich für eine einheitliche Form!

Sammle Ideen für dein Rezept

1 Pepe hat Stichpunkte zu einem Rezept gefunden. Nummeriere die Stichpunktzettel in der richtigen Reihenfolge.

☐
- anschließend
- Kühlschrank
- kühl stellen

☐
- zum Schluss
- kleine Bällchen formen
- in Kokosraspeln wälzen

☐
- als Nächstes
- zerkleinerte Plätzchen und Aprikosen, 50g Kokosraspeln und Kleie mischen
- Löffel

☐
- zuerst
- Plätzchen und Aprikosen
- Mixer
- zerkleinern

☐
- dann
- andere Schüssel
- Rührgerät
- Sahne steif schlagen

☐
- nun
- Plätzchen-Mischung
- Löffel
- unter die Sahne heben

2 Wie könnte das Rezept heißen?
Kreuze an.

☐ **Kokosbällchen**

☐ **Schokoladenbällchen**

☐ **Kokoskuchen**

Gehe auf Wörterjagd in einem Kinder-Kochbuch! Lege eine Wörtersammlung an!

Arbeitsmittel	Zutaten	Fachwörter Kochen
…	…	…

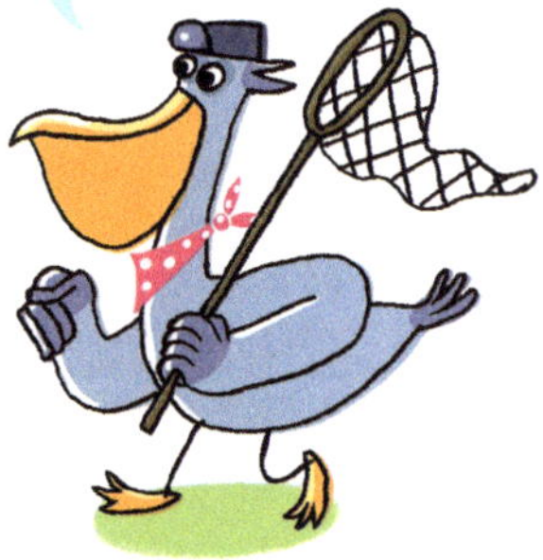

3 Welche Zutaten und Arbeitsmittel braucht man für das Rezept? Notiere.

Zutaten	Arbeitsmittel
150 g Plätzchen	

4 Zu welchem Stichpunktzettel passt diese Ergänzung? Notiere die Nummer.

Statt Plätzchen kannst du auch Kuchenreste verwenden.

Rühre die Mischung sehr vorsichtig in die Sahne ein.

Stelle die Masse mindestens 2 Stunden kühl.

1 Frau Durcheinander macht sich ein Abendbrot. Nummeriere die Bilder in der richtigen Reihenfolge.

 Verben

2 Schreibe hier Frau Durcheinanders Rezept auf. Die Wörter im Kasten helfen dir dabei.

Rezept für Sockenbrote

Zutaten:

_____

So gehts:

_____

_____

_____

_____

Fertig sind die Sockenbrote. Guten Appetit!

Schreibe selbst ein Spaß-Rezept! Notiere es auf einem extra Blatt.

| bestreichen   schneiden   belegen   waschen |
| Zuerst …   Als Nächstes …   Zuletzt … |

Rezept: Jetzt bist du dran!

Rezept	vor dem Üben			nach dem Üben		
	☆	☆☆	☆ ☆☆	☆	☆☆	☆ ☆☆
Enthält mein Text alle Teile eines Rezepts? (Überschrift, Zutaten und Arbeitsmittel, Anleitung, Schlusssatz)						
Arbeite ich übersichtlich? (Überschriften, Absätze, Nummerierungen)						
Schreibe ich treffend und genau? (Zutaten, Verben, Satzanfänge)						
Beschreibe ich alle wichtigen Schritte in der richtigen Reihenfolge?						
Gebe ich Hinweise, Tipps und Erklärungen?						
Bleibe ich bei einer Verbform (Du-Form, Befehlsform)?						
Verwende ich Fachbegriffe richtig?						
Ich bin viel auf Wörterjagd gegangen:						

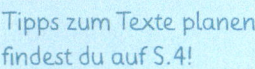

Tipps zum Texte planen findest du auf S.4!

① Schätze dich selbst ein. Kreuze die gelbe Spalte an.

② Schreibe das Rezept von Seite 12 auf.
Die Stichpunktzettel und die Aufgaben auf Seite 13 können dir dabei helfen.

③ Vergleiche deinen Text mit der Tabelle und schätze dich jetzt nochmal ein. Kreuze die grüne Spalte an.

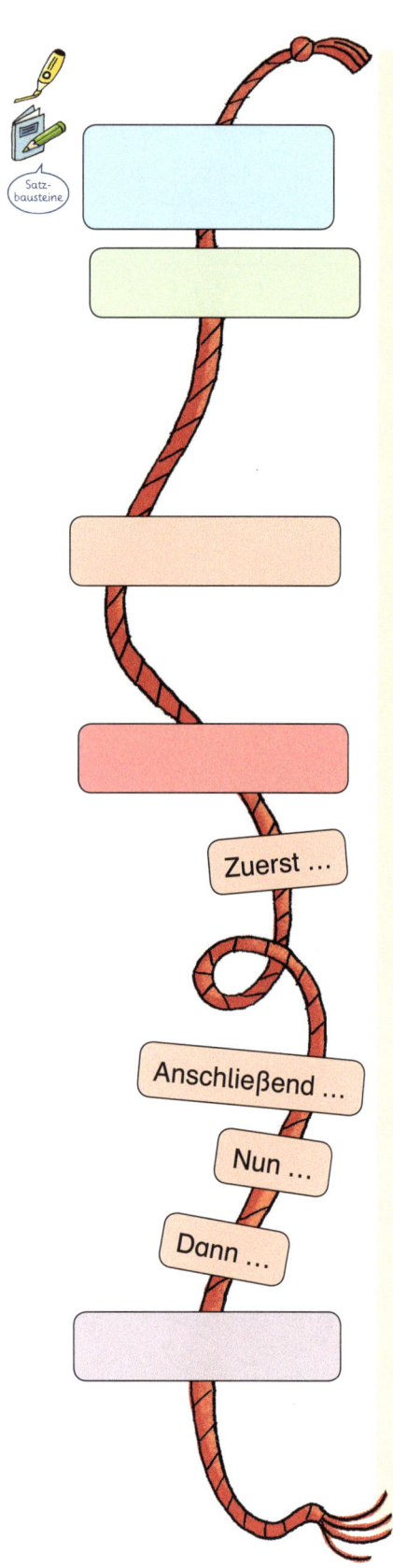

Zuerst ...

Anschließend ...

Nun ...

Dann ...

Versuchsprotokoll

Thema: Wird Wasser weniger, wenn es gefriert?

Material:

– Marmeladenglas
– Wasser
– wasserfester Folienstift
– Gefriertruhe

Meine Vermutung:

Ich vermute, dass das Wasser weniger wird, wenn

es zu _____ gefroren ist.

Beschreibung:

1. Zuerst befülle ich ein Marmeladenglas zu etwa

   2 Dritteln mit _____.

2. Anschließend markiere ich außen auf dem

   Marmeladenglas den _____.

3. Nun stelle ich das Wasserglas in das

   _____.

4. Dann nehme ich das _____ heraus und

   markiere den Wasserstand erneut.

Meine Beobachtung:

Wenn das Wasser gefroren ist, ist der Wasserstand
höher.

Erklärung:
Wasser besteht
aus vielen kleinen
Wasserteilchen,
die sich im flüssigen
Zustand ineinander
fügen. Gefriert das Wasser, ordnen sich die
Wasserteilchen im Gitter an. Das braucht mehr
Platz. Wasser dehnt sich also aus, wenn es gefriert.

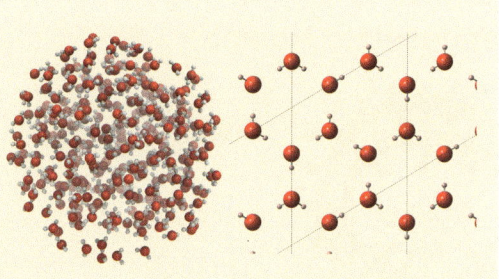

Erklärung

Das ist die Erklärung zum Versuch. Wenn du
eine Erklärung zum Versuch findest, kannst du
sie in dein Versuchsprotokoll hineinschreiben.

1 Lies das Versuchsprotokoll und fülle die Lücken aus.

Wasserstand   Glas   Eis   Gefrierfach   Wasser

2 Wie ist das Versuchsprotokoll aufgebaut?
Beschrifte den roten Faden.

Material   Beobachtung   Thema des Versuchs

Vermutung   Beschreibung

3 Wo passen diese ergänzenden Sätze gut hin? Schreibe die
Zeichen *1, *2, *3 in den richtigen Kreis in der Beschreibung.

*1 Wichtig: Ich verwende einen wasserfesten Folienstift.

*2 Vorsicht: Das Glas darf nicht ganz voll sein.

*3 Ich muss mehrere Stunden warten, bis das Wasser gefroren ist.

kontrolliert: ☆   17

1 Im Versuchsprotokoll ist das richtige Fachwort wichtig.
Bilde zusammengesetzte Nomen.

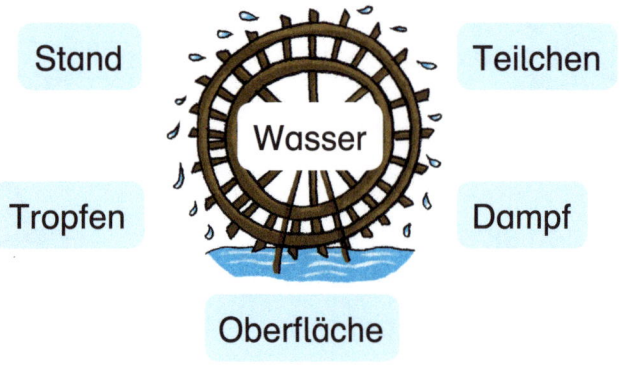

Stand

Teilchen

Wasser

Tropfen

Dampf

Oberfläche

Kennst du noch mehr Fachbegriffe zum Thema Wasser? Sammle sie.

_____

_____

_____

2 Kennst du diese Fachwörter? Verbinde sie mit der passenden Erklärung.

verdunsten

verdampfen

kondensieren

gefrieren

… bedeutet, dass aus Wasserdampf Wassertropfen entstehen, wenn der Wasserdampf abkühlt.

… bedeutet, dass Wasser bei Temperaturen unter 0 Grad zu Eis wird.

… bedeutet, dass bei Wärme die Wasserteilchen aus flüssigem Wasser in die Luft aufsteigen.

… bedeutet, dass bei Hitze die Wasserteilchen aus flüssigem Wasser zu Wasserdampf werden.

3 Setze die Fachwörter aus Aufgabe 2 richtig ein.

Wie verhält sich Wasser?

Ist die Luft warm, steigen aus dem Wasser kleine Wasserteilchen in die

Luft auf. Das Wasser _____. Dieses gasförmige Wasser in der

Luft ist unsichtbar. Wird Wasser stark erhitzt, _____ es als

Wasserdampf. Trifft das gasförmige Wasser auf kühlere Luft,

_____ es zu kleinen Wassertropfen und wird wieder flüssig. Bei

Temperaturen unter 0 Grad Celsius _____ das Wasser zu Eis.

4 Löse das Kreuzworträtsel.

Lösung:

					U				

1 2 3 4 5 6 7 8 9 10

kontrolliert: ☆ **19**

Pepe findet diese Versuchskarte:

Wie entsteht Regen?

Lege einen Topfdeckel in ein Gefrierfach (mindestens 10 Minuten).
Erhitze auf einer Herdplatte etwas Wasser in einem Topf, bis es
anfängt zu dampfen. Halte den kalten Topfdeckel für längere Zeit
über den Topf (Abstand ca. 3 cm). Was passiert?

1 Beschreibe den Versuch für das Versuchsprotokoll.
Verwende die Ich-Form.

Denke auch an unterschiedliche Satzanfänge!

1. Zuerst lege ich _____
    _____
    _____
    _____

2. _____
    _____
    _____
    _____

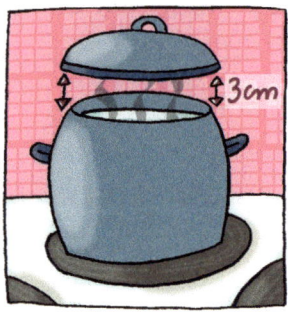

3. _____
    _____
    _____
    _____

2 Auf den Bildern siehst du, was Pepe beobachtet. Schreibe seine Beobachtung in der Ich-Form auf. Die Wortbausteine im Kasten helfen dir dabei.

Satz-anfänge

Meine Beobachtung:

_____

_____

_____

_____

Ich beobachte, dass …   zuerst   dann   nach einiger Zeit kleine Wassertropfen   bilden sich   werden   größer   fallen herab

3 Warum bilden sich Wassertropfen? Fülle die Lücken richtig aus.

Erklärung

Beim Kochen _____ das Wasser und steigt als

_____ auf. Am kalten Topfdeckel _____ er

zu kleinen _____ . Die Tropfen _____ sich

und fallen dann als „Regen" herab.

> Kennst du noch die Fachbegriffe? Auf Seite 18 werden sie erklärt.

Wasserdampf   Wassertropfen

kondensiert   verdunstet   verdichten

Versuchsprotokoll: Jetzt bist du dran!

Versuchsprotokoll	vor dem Üben			nach dem Üben		
	☆	☆☆	☆☆☆	☆	☆☆	☆☆☆
Kenne ich alle Teile des Versuchsprotokolls?						
Hat mein Versuchsprotokoll alle wichtigen Teile?						
Arbeite ich übersichtlich? (Überschriften, Absätze, Nummerierungen)						
Denke ich an meine Vermutung und meine Beobachtung?						
Beschreibe ich alle wichtigen Schritte in der richtigen Reihenfolge?						
Schreibe ich die Aufforderungsform auf der Versuchskarte in die Ich-Form um?						
Verwende ich Fachbegriffe und beschreibe abwechslungsreich?						
Ich bin viel auf Wörterjagd gegangen:						

1 Schätze dich selbst ein. Kreuze die gelbe Spalte an.

2 Schreibe zu der Versuchskarte auf Seite 20 ein Versuchsprotokoll.

3 Vergleiche deinen Text mit der Tabelle und schätze dich jetzt nochmal ein. Kreuze die grüne Spalte an.

1 Welche Nachricht soll Olli wählen? Kreuze an. Manchmal sind auch mehrere Antworten möglich.

Postkarte?

E-Mail?

Brief?

SMS?

	✉	🖼	💻	📱
Olli möchte seiner Oma einen kurzen Gruß aus dem Urlaub schicken.	☐	☐	☐	☐
Olli möchte bei bei einem Museum anfragen, ob sie Führungen für Schulklassen machen.	☐	☐	☐	☐
Olli möchte seinen Freund fragen, ob er Lust auf ein Treffen am Nachmittag hat.	☐	☐	☐	☐
Olli möchte beim Bürgermeister darum bitten, einen neuen Spielplatz zu bauen.	☐	☐	☐	☐

Welchen Vorteil hat eine E-Mail?
Welchen Vorteil hat eine SMS?

kontrolliert: ☆ **23**

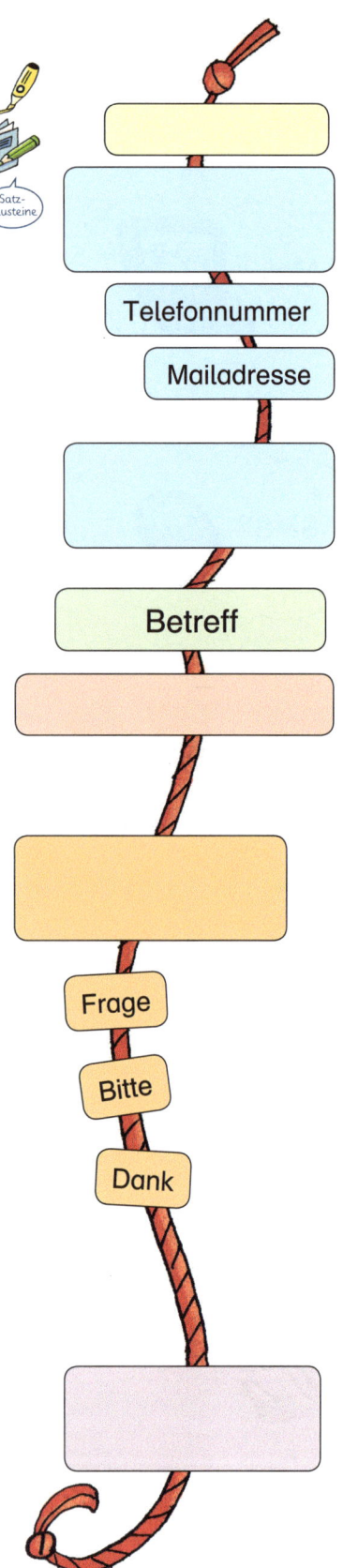

Telefonnummer

Mailadresse

Betreff

Frage

Bitte

Dank

Hintertal, den 24.4.2016

Burak Gök
Weidenweg 47a
86807 Hintertal
Tel.: 09621-50085056
E-Mail: burak.goek@zuhause.de

Rektorat der Siebenberge-Grundschule
Simone Rot
Bergwerkstraße 10
86807 Hintertal

Sehr geehrte Frau Rot,

als Klassensprecher der Klasse 4a wende ich mich mit folgendem Anliegen an Sie: Am 4.7. endet für die Muslime der Fastenmonat Ramadan. Das Fastenbrechen wird mit einem fröhlichen Fest gefeiert. Nun haben wir uns überlegt, dass wir als Klassenprojekt gerne für alle Kinder an unserer Schule ein kleines Fest zum Fastenbrechen veranstalten würden, zum Beispiel am Freitag, den 8.7. in den letzten beiden Schulstunden.
Deshalb wollte ich Sie fragen, ob Ihnen diese Idee gefällt und Sie mit dem Projekt einverstanden sind. Die Klasse 4a würde sich sehr darüber freuen.
Bitte sagen Sie uns möglichst bald Bescheid, damit wir mit den Planungen beginnen können.
Vielen Dank.

Herzliche Grüße

Burak Gök, Klassensprecher der Klasse 4a

1 Burak hat seiner Rektorin einen höflichen Brief geschrieben.
   a) Welcher Betreff passt am besten zu Buraks Anliegen?
      Kreuze ihn an.

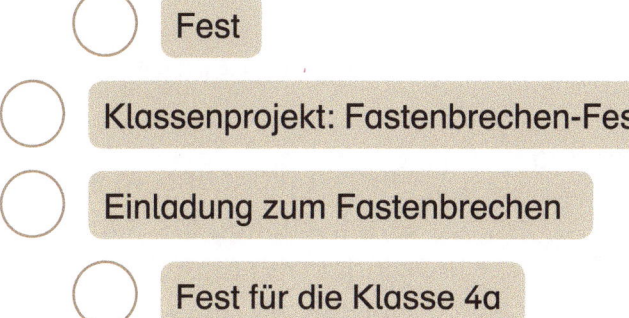

○ Fest

○ Klassenprojekt: Fastenbrechen-Fest

○ Einladung zum Fastenbrechen

○ Fest für die Klasse 4a

Der Betreff gibt Auskunft, worum es im Brief geht. Er ist wie eine ganz kurze Zusammenfassung.

   b) Schreibe den passenden Betreff
      an die richtige Stelle in Buraks Brief.

2 Wie ist der höfliche Brief aufgebaut?
Beschrifte den roten Faden.

Adresse des Absenders

Grußformel mit Unterschrift

höfliche Anrede

Adresse des Empfängers

Brieftext mit Anliegen

Ort, Datum

3 Wo werden im höflichen Brief Zeilen freigelassen?
Markiere die Absätze mit einem roten Dreieck.

Warum könnte es sinnvoll sein, dass der Absender auch seine Telefonnummer oder seine Mailadresse angibt?

1 Welcher Betreff passt zu welchem Briefausschnitt? Verbinde.
Ein Betreff passt zu keinem Brief.

Neue Schaukel für unseren Spielplatz

Zuschuss zum Klassenausflug

Wir sind Kinder der Siebenberge-Grundschule und spielen gerne auf dem Spielplatz im Stadtpark. Leider ist seit mehreren Monaten die Schaukel kaputt und deshalb abgebaut worden.
Wir möchten Sie höflich bitten, eine neue Schaukel für uns zu errichten…

Derzeit plant unsere Klasse einen Ausflug ins „Museum für Kinder" mit dem Bus. Deshalb würden wir uns freuen, wenn Sie uns ein Kostenangebot für die Fahrt dorthin machen könnten…

Bitte um neuen Spielplatz

Kostenangebot für Klassenfahrt

Unsere Klasse möchte zum Abschluss der 4. Klasse in den Niederseilgarten gehen. Da der Eintrittspreis sehr teuer ist, wollten wir bei Ihnen als Elternbeirat nachfragen, ob Sie uns hierfür eine finanzielle Unterstützung geben könnten.

2 Schreibe einen passenden Betreff zu diesem Briefausschnitt.

Wir sind Kinder aus der Siebenberge-Grundschule. Unsere Klasse macht bei unserem Sommerfest eine Tombola für einen guten Zweck. Dafür brauchen wir noch einige Preise. Deshalb wollten wir Sie als Chef der Buchhandlung fragen, ob Sie uns ein paar Bücher spenden könnten.

Suche dir einen Briefausschnitt aus und schreibe den vollständigen höflichen Brief dazu auf.

3 Schreibe den Briefkopf für den Brief aus Aufgabe 2.

Hintertal, den 15.7.2016

Buchhandlung Bücherparadies
Herr Bachmann
Am Stadtpark 8
86807 Hintertal

Siebenberge-Grundschule
Klasse 4a
Bergwerkstraße 10
86807 Hintertal
4a@gs-siebenberge.de

_____

_____

_____

_____

_____

_____

_____

_____

_____

_____

_____

Kannst du auch den Briefumschlag richtig beschriften?

1 Male die Ampel vor jedem Satzbaustein passend aus.

Mit diesem Satzbaustein…

… teile ich mein Anliegen oder mein Problem mit

… drücke ich meine Bitte oder Frage aus

… äußere ich meinen Dank oder meine Freude.

 Vielen Dank für Ihr Verständnis.  Wäre es möglich, …?

 Leider muss ich Ihnen mitteilen, dass…

 Das würde mich sehr freuen.

 Nun möchte ich Sie fragen, ob …

 Dürfte ich Sie darum bitten, dass…

 Herzlichen Dank für Ihre Bemühungen.

 Ich habe folgendes Anliegen: …

 Ich möchte Sie darüber informieren, dass …

Das sind höfliche Anredepronomen. Man schreibt sie groß.

2 Wenn du an einen Fremden schreibst oder den Empfänger siezt, musst du die höflichen Anredepronomen verwenden. Markiere alle höflichen Anredepronomen in Aufgabe 1.

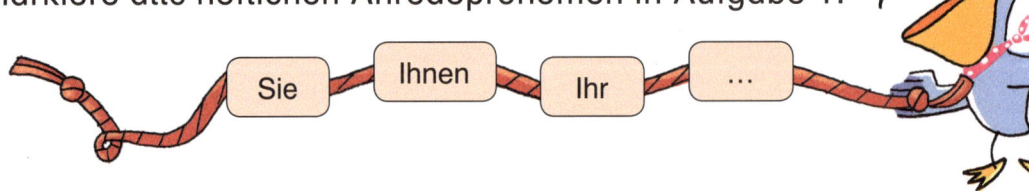

Sie   Ihnen   Ihr   …

Anrede-
pronomen

3 Setze die passenden höflichen Anredepronomen ein. Achte auf die Großschreibung.

Bedauerlicherweise muss ich _____ sagen, dass …

Nun möchte ich _____ höflich bitten, dass …

Es tut mir leid, dass ich _____ diese Umstände bereite.

Ein besonderes Dankeschön für _____ Zuvorkommen.

Ich habe folgende Frage an _____: Wissen _____, ob …

Über _____ Antwort freue ich mich.

4 Schreibe zu diesem Anliegen 3 Sätze. Du kannst Satzbausteine aus Aufgabe 1 und 3 verwenden.

In der letzten Sportstunde habe ich in der Turnhalle eine Lampe kaputt geschossen. Das tut mir leid. Ich möchte den Schaden beim Hausmeister melden und mich bei ihm entschuldigen.

Einen höflichen Brief kannst du auch als E-Mail schreiben:

Von:

An:

Betreff: Anfrage Führung für Kinder

Sehr geehrte Damen und Herren,

die Klasse 4a aus der Siebenberge-Grunschule plant einen Ausflug in Ihr Museum. Auf Ihrer Internetseite haben wir gesehen, dass Sie spezielle Führungen für Kinder anbieten.
Als Klassensprecher wollte ich Sie nun fragen, ob Sie uns am Donnerstag, den 19.3. eine Führung am Vormittag anbieten können.
Wir sind 29 Kinder und 2 Lehrerinnen.
Ich würde mich sehr freuen, wenn an diesem Termin noch eine Führung frei wäre.

Vielen Dank für Ihre Auskunft!

Mit freundlichen Grüßen

Burak Gök

_____

Burak Gök
Weidenweg 47a
86807 Hintertal

Ist der Aufbau einer E-Mail ähnlich wie der eines Briefs? Finde Gemeinsamkeiten und Unterschiede.

1 Wie ist eine E-Mail aufgebaut? Beschrifte den roten Faden.

Grußformel mit Name	Betreff	höfliche Anrede

Mailadresse Absender / Empfänger	Brieftext mit Anliegen

Adresse des Absenders

2 Trage die beiden Mailadressen an den richtigen Stellen in die E-Mail ein.

burak.goek@zuhause.de

info@museum-fuer-kinder.de

In Mailadressen gilt:
ä → ae
ö → oe
ü → ue

3 Hier ist einiges durcheinander geraten. Schreibe diese drei Mailadressen richtig auf.
Achte auf die Schreibweise von ä, ö und ü.

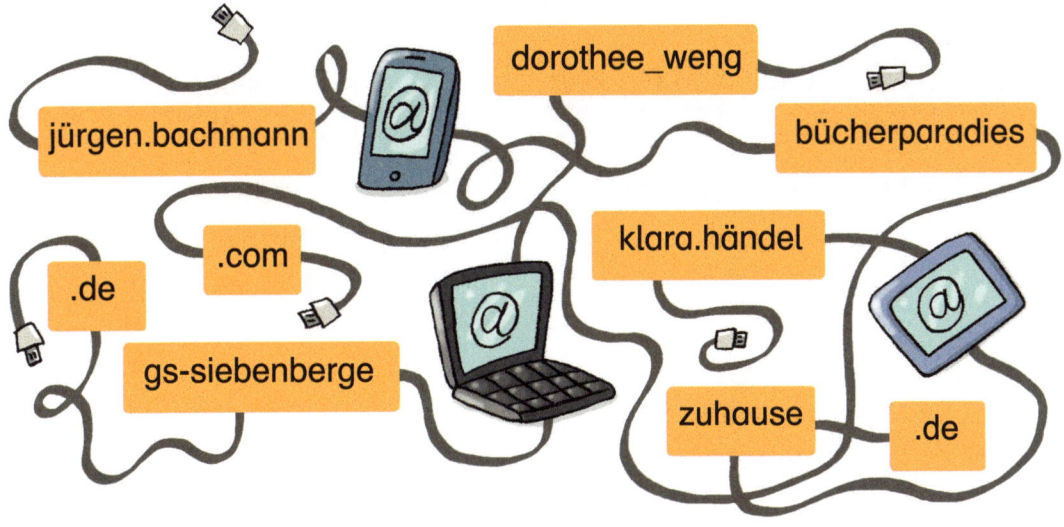

dorothee_weng

jürgen.bachmann

bücherparadies

.com

klara.händel

.de

gs-siebenberge

zuhause

.de

1 Immer schön höflich bei der Anrede. Trage die Anredeformeln in die Tabelle ein.

Wann verwendet man eigentlich die Anrede „Sehr geehrte Damen und Herren"?

Liebste Julia,

Sehr geehrte Frau Schelle,

Lieber Herr Mayr,

Hi Kumpels,

Sehr geehrte Damen und Herren,

Hallo ihr Lieben,

Höfliche Anrede	Persönliche Anrede

2 Welche Grußformeln passen zu einem höflichen Brief oder einer höflichen E-Mail? Kreuze an.

	Mit freundlichen Grüßen Ihre Klasse 4c		Freundliche Grüße Burak Gök
	LG (= Liebe Grüße) Ihre Klasse 4b		CU („See you" = Bis bald) dein Kumpel Tim
	Bis bald deine Jule		
	Mit freundlichem Gruß Ihr Schüler Max		
	Hab dich lieb! deine Klara		

Kennst du noch mehr Anrede- oder Grußformeln? Sammle sie.

Lösungen Schreib-Stars 4

(zum Heraustrennen die mittlere Klammer lösen)

Hinweis:

In den Schreib-Stars gibt es manchmal Aufgaben, die keine eindeutige Lösung haben. Deshalb findest du im Lösungsheft an diesen Stellen LÖSUNGSBEISPIELE :

- Vergleiche deine Lösung mit den LÖSUNGSBEISPIELEN .
- Hast du die Aufgabe so ähnlich gelöst, ist sie richtig.

Was ist beim Beschreiben wichtig?

① Im Alltag wird viel beschrieben. In welchen drei Büchern findest du diese Textausschnitte? Verbinde.

> Halte den Löffel über die Flamme und warte bis das Wasser verdunstet ist….

Versuchsbeschreibung

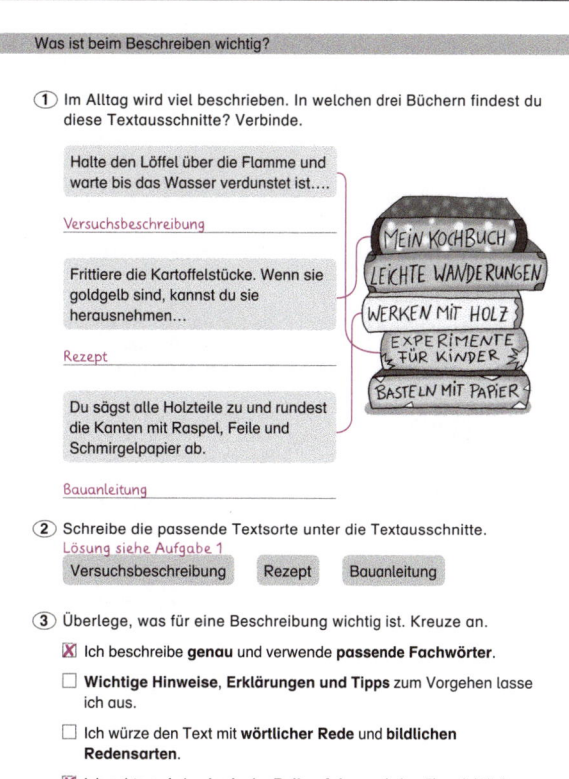

> Frittiere die Kartoffelstücke. Wenn sie goldgelb sind, kannst du sie herausnehmen…

Rezept

> Du sägst alle Holzteile zu und rundest die Kanten mit Raspel, Feile und Schmirgelpapier ab.

Bauanleitung

② Schreibe die passende Textsorte unter die Textausschnitte.
Lösung siehe Aufgabe 1

   Versuchsbeschreibung   Rezept   Bauanleitung

③ Überlege, was für eine Beschreibung wichtig ist. Kreuze an.

☒ Ich beschreibe **genau** und verwende **passende Fachwörter**.

☐ **Wichtige Hinweise, Erklärungen und Tipps** zum Vorgehen lasse ich aus.

☐ Ich würze den Text mit **wörtlicher Rede** und **bildlichen Redensarten**.

☒ Ich achte auf eine **logische Reihenfolge** und eine übersichtliche Darstellung.

kontrolliert: ⭐ 5

Ein roter Faden für dein Rezept

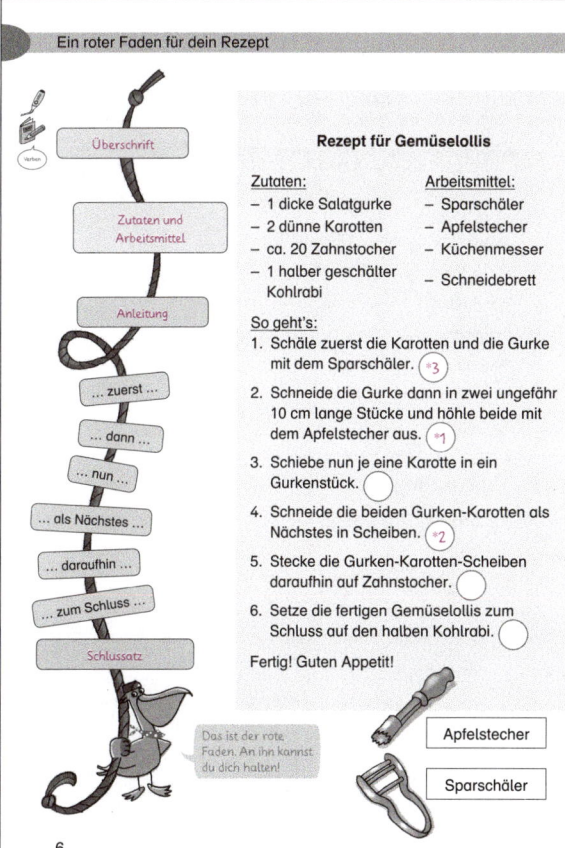

Überschrift

Zutaten und Arbeitsmittel

Anleitung

… zuerst …

… dann …

… nun …

… als Nächstes …

… daraufhin …

… zum Schluss …

Schlusssatz

Das ist der rote Faden. An ihn kannst du dich halten!

Rezept für Gemüselollis

Zutaten:
- 1 dicke Salatgurke
- 2 dünne Karotten
- ca. 20 Zahnstocher
- 1 halber geschälter Kohlrabi

Arbeitsmittel:
- Sparschäler
- Apfelstecher
- Küchenmesser
- Schneidebrett

So geht's:
1. Schäle zuerst die Karotten und die Gurke mit dem Sparschäler. (*3)
2. Schneide die Gurke dann in zwei ungefähr 10 cm lange Stücke und höhle beide mit dem Apfelstecher aus. (*1)
3. Schiebe nun je eine Karotte in ein Gurkenstück. ○
4. Schneide die beiden Gurken-Karotten als Nächstes in Scheiben. (*2)
5. Stecke die Gurken-Karotten-Scheiben daraufhin auf Zahnstocher. ○
6. Setze die fertigen Gemüselollis zum Schluss auf den halben Kohlrabi. ○

Fertig! Guten Appetit!

Apfelstecher

Sparschäler

① Lies das Rezept. Nummeriere die Bilder in der richtigen Reihenfolge.

 5    2    6

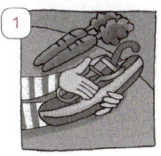 1   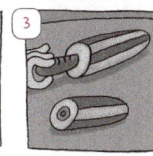 3   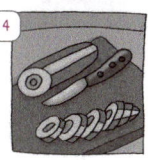 4

② Wie ist das Rezept aufgebaut? Beschrifte den roten Faden.

   Schlusssatz   Anleitung   Überschrift   Zutaten und Arbeitsmittel

Lösung siehe roter Faden

③ Hier findest du drei ergänzende Sätze zum Rezept. Wo passen sie gut hin? Trage die Zeichen *1, *2, *3 in den richtigen Kreis in der Anleitung ein.   Lösung siehe Text

Hast du etwas Wichtiges vergessen? Verwende nummerierte Sternchen *1, *2, *3.

*1 Vorsicht: Der Apfelstecher ist scharf.

*2 Jede Scheibe ist ungefähr 1cm dick.

*3 Lass bei der Gurke immer ein Stück Schale stehen, so entsteht ein Muster aus hell- und dunkelgrünen Streifen.

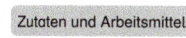

kontrolliert: ⭐ 7

6

① Beim Kochen und Backen gibt es viele Fachwörter. Verbinde jedes Verb mit der passenden Erklärung.

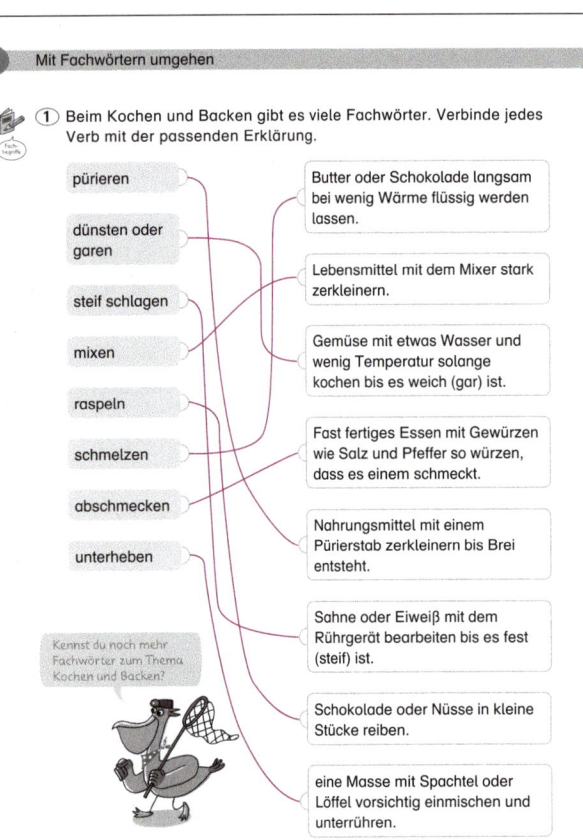

pürieren	Butter oder Schokolade langsam bei wenig Wärme flüssig werden lassen.
dünsten oder garen	Lebensmittel mit dem Mixer stark zerkleinern.
steif schlagen	Gemüse mit etwas Wasser und wenig Temperatur solange kochen bis es weich (gar) ist.
mixen	
raspeln	Fast fertiges Essen mit Gewürzen wie Salz und Pfeffer so würzen, dass es einem schmeckt.
schmelzen	Nahrungsmittel mit einem Pürierstab zerkleinern bis Brei entsteht.
abschmecken	
unterheben	Sahne oder Eiweiß mit dem Rührgerät bearbeiten bis es fest (steif) ist.

Kennst du noch mehr Fachwörter zum Thema Kochen und Backen?

Schokolade oder Nüsse in kleine Stücke reiben.

eine Masse mit Spachtel oder Löffel vorsichtig einmischen und unterrühren.

② Bilde sinnvolle Sätze.

Die Schokolade Die Sahne Die Suppe Die Gurke Den Zucker	mit dem Sparschäler im Wasserbad auf der Küchenwaage mit Salz und Pfeffer mit dem Rührgerät	abschmecken. schälen. schmelzen. abwiegen. steif schlagen.

Die Schokolade im Wasserbad schmelzen.

Die Sahne mit dem Rührgerät steif schlagen.

Die Suppe mit Salz und Pfeffer abschmecken.

Die Gurke mit dem Sparschäler schälen.

Den Zucker auf der Küchenwaage abwiegen.

③ Kennst du die Abkürzungen? Trage sie richtig ein.

1 Esslöffel = 1 EL   1 Kilogramm = 1 kg

1 Teelöffel = 1 TL   1 Gramm = 1 g

1 Messerspitze = 1 Msp.   100 Milliliter = 100 ml

1 Päckchen = 1 Pck.   1 Stunde = 1 h

g		h		kg		EL	
	TL		Pck.		ml		Msp.

---

① Ergänze in der Tabelle die fehlenden Verbformen. Markiere die Endungen.

Grundform	Du-Form	Aufforderungsform
mischen	du mischst	mische
backen	du backst	backe
rühren	du rührst	rühre
formen	du formst	forme
wälzen	du wälzt	wälze
zerkleinern	du zerkleinerst	zerkleinere

② In diesem Rezept haben sich die Verbformen vermischt.
a) Kreise die Verben in drei verschiedenen Farben ein.
blau: Grundform   grün: Du-Form   rot: Aufforderungsform

Rezept für Pfannkuchen
Zutaten: 250g Mehl, 1 Prise Salz, 325 ml Milch, 175 ml Mineralwasser, 4 Eier, Butter zum Braten
So geht's:
1. Zuerst das Mehl in einer Rührschüssel mit dem Salz mischen.
2. Nun gibst du die Milch und das Wasser hinzu und verrührst es mit dem Schneebesen.
3. Anschließend die Eier hinzufügen und den Teig kräftig schlagen.
4. Erhitze als Nächstes das Fett in der Bratpfanne.
5. Jetzt gibst du mit der Schöpfkelle eine Portion Teig in die Pfanne und verteilst sie durch Schwenken der Pfanne zu einer dünnen Teigschicht.
6. Den goldgelben Pfannkuchen wenden und auf der anderen Seite fertig backen.
Guten Appetit!

b) Schreibe hier das Rezept in der Aufforderungsform auf. Ergänze auch die Zutaten und die Arbeitsmittel.

Rezept für Pfannkuchen

Zutaten: 250 g Mehl, 1 Prise Salz, 325 ml Milch, 175 ml Mineralwasser, 4 Eier, Butter zum Braten

Arbeitsmittel: Rührschüssel, Schneebesen, Schöpfkelle, Bratpfanne

So geht's:

1. Mische zuerst das Mehl in einer Rührschüssel mit dem Salz.

2. Gib nun die Milch und das Wasser hinzu und verrühre es mit dem Schneebesen.

3. Füge anschließend die Eier hinzu und schlage den Teig kräftig.

4. Erhitze als Nächstes das Fett in der Bratpfanne.

5. Gib jetzt mit der Schöpfkelle eine Portion Teig in die Pfanne und verteile sie durch Schwenken zu einer dünnen Teigschicht.

6. Wende den goldgelben Pfannkuchen und backe ihn auf der anderen Seite fertig. Guten Appetit!

Du kannst ein Rezept auch in der Ich-Form oder Du-Form schreiben. Aber entscheide dich für eine einheitliche Form!

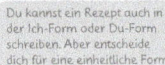

1 Pepe hat Stichpunkte zu einem Rezept gefunden. Nummeriere die Stichpunktzettel in der richtigen Reihenfolge.

5
- anschließend
- Kühlschrank
- kühl stellen

6
- zum Schluss
- kleine Bällchen formen
- in Kokosraspeln wälzen

2
- als Nächstes
- zerkleinerte Plätzchen und Aprikosen, 50g Kokosraspeln und Kleie mischen
- Löffel

1
- zuerst
- Plätzchen und Aprikosen
- Mixer
- zerkleinern

3
- dann
- andere Schüssel
- Rührgerät
- Sahne steif schlagen

4
- nun
- Plätzchen-Mischung
- Löffel
- unter die Sahne heben

2 Wie könnte das Rezept heißen? Kreuze an.

- ☒ Kokosbällchen
- ☐ Schokoladenbällchen
- ☐ Kokoskuchen

Gehe auf Wörterjagd in einem Kinder-Kochbuch! Lege eine Wörtersammlung an!

Arbeits-mittel	Zutaten	Fachwörter Kochen
…	…	…

3 Welche Zutaten und Arbeitsmittel braucht man für das Rezept? Notiere.

Zutaten	Arbeitsmittel
150 g Plätzchen	3 Rührschüsseln
5 Stck getrocknete Aprikosen	Löffel
100 g Kokosraspeln	Mixer
50 g Weizenkleie	Rührgerät
100 g Sahne	Küchenwaage

4 Zu welchem Stichpunktzettel passt diese Ergänzung? Notiere die Nummer.

1 Statt Plätzchen kannst du auch Kuchenreste verwenden.

4 Rühre die Mischung sehr vorsichtig in die Sahne ein.

5 Stelle die Masse mindestens 2 Stunden kühl.

---

1 Frau Durcheinander macht sich ein Abendbrot. Nummeriere die Bilder in der richtigen Reihenfolge.

2 **1** **3**

2 Schreibe hier Frau Durcheinanders Rezept auf. Die Wörter im Kasten helfen dir dabei. **LÖSUNGSBEISPIEL:**

Rezept für Sockenbrote

Zutaten:
Brot, Schuhcreme, Socken

So gehts:
Zuerst schneidest du das Brot in Scheiben und wäschst die Socken.

Als Nächstes bestreichst du die Brotscheiben mit Schuhcreme.

Zuletzt belegst du die Brote mit den Socken.

Fertig sind die Sockenbrote. Guten Appetit!

Schreibe selbst ein Spaß-Rezept! Notiere es auf einem extra Blatt.

| bestreichen | schneiden | belegen | waschen |
| Zuerst … | Als Nächstes … | Zuletzt … | |

Rezept	vor dem Üben			nach dem Üben		
	☆	☆☆	☆☆☆	☆	☆☆	☆☆☆
Enthält mein Text alle Teile eines Rezepts? (Überschrift, Zutaten und Arbeitsmittel, Anleitung, Schlusssatz)						
Arbeite ich übersichtlich? (Überschriften, Absätze, Nummerierungen)						
Schreibe ich treffend und genau? (Zutaten, Verben, Satzanfänge)						
Beschreibe ich alle wichtigen Schritte in der richtigen Reihenfolge?						
Gebe ich Hinweise, Tipps und Erklärungen?						
Bleibe ich bei einer Verbform (Du-Form, Befehlsform)?						
Verwende ich Fachbegriffe richtig?						
Ich bin viel auf Wörterjagd gegangen:						

Tipps zum Texte planen findest du auf S. 4!

1 Schätze dich selbst ein. Kreuze die gelbe Spalte an.

2 Schreibe das Rezept von Seite 12 auf. Die Stichpunktzettel und die Aufgaben auf Seite 13 können dir dabei helfen.

3 Vergleiche deinen Text mit der Tabelle und schätze dich jetzt nochmal ein. Kreuze die grüne Spalte an.

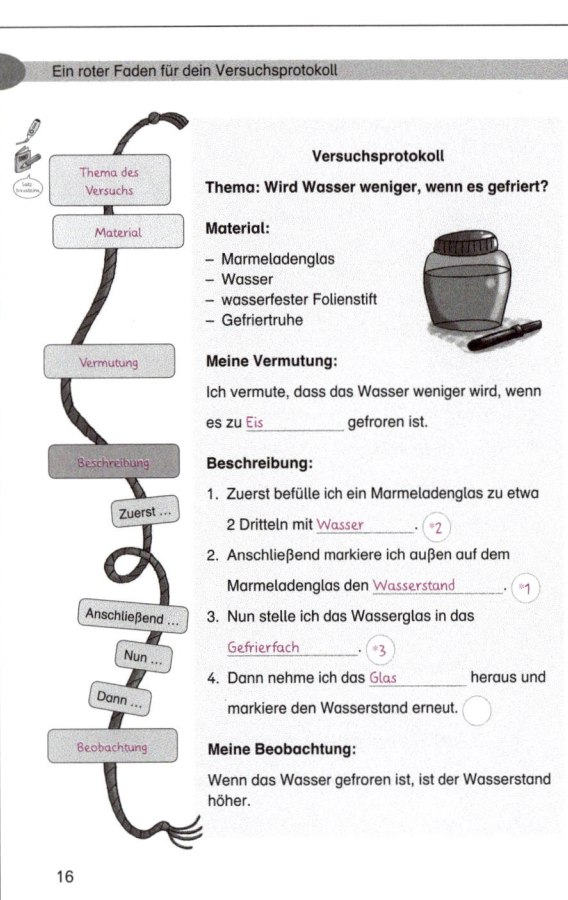

Versuchsprotokoll

Thema: Wird Wasser weniger, wenn es gefriert?

Thema des
Versuchs

Material

Material:

– Marmeladenglas
– Wasser
– wasserfester Folienstift
– Gefriertruhe

Vermutung

Meine Vermutung:

Ich vermute, dass das Wasser weniger wird, wenn
es zu Eis gefroren ist.

Beschreibung

Beschreibung:

Zuerst …

1. Zuerst befülle ich ein Marmeladenglas zu etwa
   2 Dritteln mit Wasser . *2

2. Anschließend markiere ich außen auf dem
   Marmeladenglas den Wasserstand . *1

Anschließend …

Nun …

3. Nun stelle ich das Wasserglas in das
   Gefrierfach . *3

Dann …

4. Dann nehme ich das Glas heraus und
   markiere den Wasserstand erneut.

Beobachtung

Meine Beobachtung:

Wenn das Wasser gefroren ist, ist der Wasserstand
höher.

16

Erklärung:
Wasser besteht
aus vielen kleinen
Wasserteilchen,
die sich im flüssigen
Zustand ineinander
fügen. Gefriert das Wasser, ordnen sich die
Wasserteilchen im Gitter an. Das braucht mehr
Platz. Wasser dehnt sich also aus, wenn es gefriert.

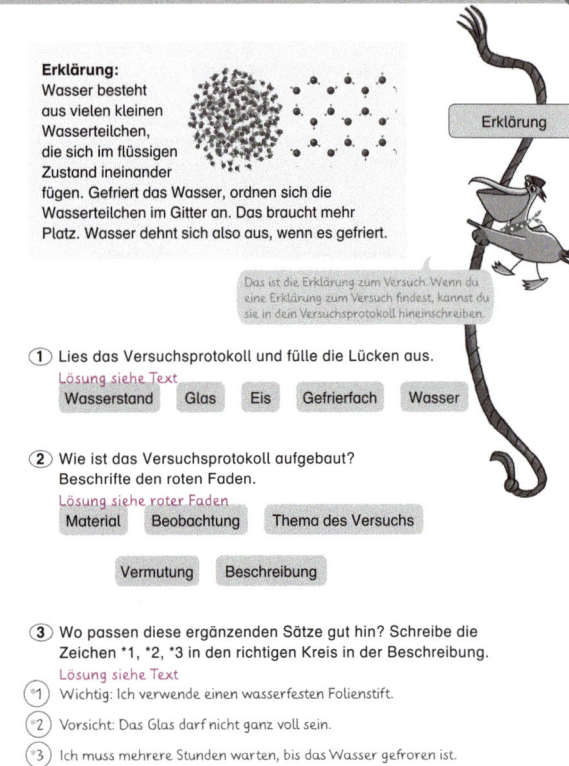

Erklärung

*Das ist die Erklärung zum Versuch. Wenn du
eine Erklärung zum Versuch findest, kannst du
sie in dein Versuchsprotokoll hineinschreiben.*

① Lies das Versuchsprotokoll und fülle die Lücken aus.
Lösung siehe Text

| Wasserstand | Glas | Eis | Gefrierfach | Wasser |

② Wie ist das Versuchsprotokoll aufgebaut?
Beschrifte den roten Faden.
Lösung siehe roter Faden

| Material | Beobachtung | Thema des Versuchs |

| Vermutung | Beschreibung |

③ Wo passen diese ergänzenden Sätze gut hin? Schreibe die
Zeichen *1, *2, *3 in den richtigen Kreis in der Beschreibung.
Lösung siehe Text

*1 Wichtig: Ich verwende einen wasserfesten Folienstift.

*2 Vorsicht: Das Glas darf nicht ganz voll sein.

*3 Ich muss mehrere Stunden warten, bis das Wasser gefroren ist.

kontrolliert: ⭐ 17

① Im Versuchsprotokoll ist das richtige Fachwort wichtig.
Bilde zusammengesetzte Nomen.

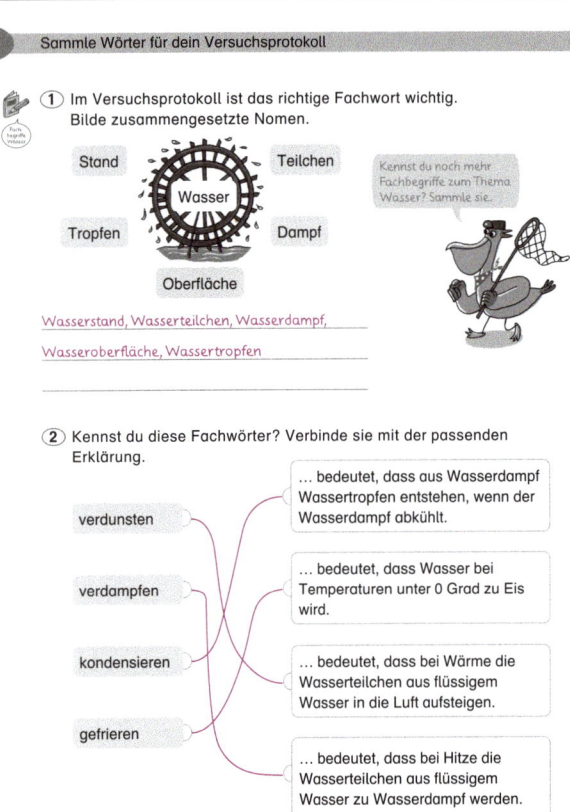

Stand   Teilchen

Wasser

Tropfen   Dampf

Oberfläche

*Kennst du noch mehr
Fachbegriffe zum Thema
Wasser? Sammle sie.*

Wasserstand, Wasserteilchen, Wasserdampf,

Wasseroberfläche, Wassertropfen

② Kennst du diese Fachwörter? Verbinde sie mit der passenden
Erklärung.

verdunsten

verdampfen

kondensieren

gefrieren

… bedeutet, dass aus Wasserdampf
Wassertropfen entstehen, wenn der
Wasserdampf abkühlt.

… bedeutet, dass Wasser bei
Temperaturen unter 0 Grad zu Eis
wird.

… bedeutet, dass bei Wärme die
Wasserteilchen aus flüssigem
Wasser in die Luft aufsteigen.

… bedeutet, dass bei Hitze die
Wasserteilchen aus flüssigem
Wasser zu Wasserdampf werden.

18

③ Setze die Fachwörter aus Aufgabe 2 richtig ein.

Wie verhält sich Wasser?

Ist die Luft warm, steigen aus dem Wasser kleine Wasserteilchen in die

Luft auf. Das Wasser verdunstet . Dieses gasförmige Wasser in der

Luft ist unsichtbar. Wird Wasser stark erhitzt, verdampft es als

Wasserdampf. Trifft das gasförmige Wasser auf kühlere Luft,

kondensiert es zu kleinen Wassertropfen und wird wieder flüssig. Bei

Temperaturen unter 0 Grad Celsius gefriert das Wasser zu Eis.

④ Löse das Kreuzworträtsel.

Lösung: | S | C | H | L | A | U | K | O | P | F |
| 1 | 2 | 3 | 4 | 5 | 6 | 7 | 8 | 9 | 10 |

kontrolliert: ⭐ 19

Pepe findet diese Versuchskarte:

Wie entsteht Regen?

Lege einen Topfdeckel in ein Gefrierfach (mindestens 10 Minuten). Erhitze auf einer Herdplatte etwas Wasser in einem Topf, bis es anfängt zu dampfen. Halte den kalten Topfdeckel für längere Zeit über den Topf (Abstand ca. 3 cm). Was passiert?

① Beschreibe den Versuch für das Versuchsprotokoll. Verwende die Ich-Form.

Denke auch an unterschiedliche Satzanfänge!

LÖSUNGSBEISPIEL:

1. Zuerst lege ich einen Topfdeckel mindestens 10 Minuten in ein Gefrierfach.

2. Währenddessen erhitze ich auf einer Herdplatte etwas Wasser in einem Topf, bis es anfängt zu dampfen.

3. Nun nehme ich den kalten Topfdeckel aus dem Gefrierfach und halte ihn für längere Zeit über den Wasserdampf. Der Abstand zum Topf sollte ca. 3 cm betragen.

20

② Auf den Bildern siehst du, was Pepe beobachtet. Schreibe seine Beobachtung in der Ich-Form auf. Die Wortbausteine im Kasten helfen dir dabei.

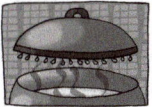 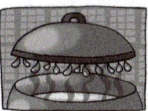 

Meine Beobachtung:

Ich beobachte, dass sich am Topfdeckel zuerst kleine Wassertropfen bilden. Dann werden die Wassertropfen größer und fallen nach einiger Zeit herab.

Ich beobachte, dass ... zuerst dann nach einiger Zeit
kleine Wassertropfen bilden sich werden größer fallen herab

③ Warum bilden sich Wassertropfen? Fülle die Lücken richtig aus.

Erklärung

Beim Kochen verdunstet das Wasser und steigt als Wasserdampf auf. Am kalten Topfdeckel kondensiert er zu kleinen Wassertropfen. Die Tropfen verdichten sich und fallen dann als „Regen" herab.

Kennst du noch die Fachbegriffe? Auf Seite 18 werden sie erklärt.

| Wasserdampf | Wassertropfen |
| kondensiert | verdunstet | verdichten |

Versuchsprotokoll	vor dem Üben			nach dem Üben		
	⭐	⭐⭐	⭐⭐⭐	⭐	⭐⭐	⭐⭐⭐
Kenne ich alle Teile des Versuchsprotokolls?						
Hat mein Versuchsprotokoll alle wichtigen Teile?						
Arbeite ich übersichtlich? (Überschriften, Absätze, Nummerierungen)						
Denke ich an meine Vermutung und meine Beobachtung?						
Beschreibe ich alle wichtigen Schritte in der richtigen Reihenfolge?						
Schreibe ich die Aufforderungsform auf der Versuchskarte in die Ich-Form um?						
Verwende ich Fachbegriffe und beschreibe abwechslungsreich?						
Ich bin viel auf Wörterjagd gegangen:						

① Schätze dich selbst ein. Kreuze die gelbe Spalte an.

② Schreibe zu der Versuchskarte auf Seite 20 ein Versuchsprotokoll.

③ Vergleiche deinen Text mit der Tabelle und schätze dich jetzt nochmal ein. Kreuze die grüne Spalte an.

---

① Welche Nachricht soll Olli wählen? Kreuze an. Manchmal sind auch mehrere Antworten möglich.

Postkarte?

E-Mail?

Brief?

SMS?

LÖSUNGSBEISPIELE:

	✉	🖃	@	📱
Olli möchte seiner Oma einen kurzen Gruß aus dem Urlaub schicken.	☐	☒	☐	☐
Olli möchte bei bei einem Museum anfragen, ob sie Führungen für Schulklassen machen.	☒	☐	☒	☐
Olli möchte seinen Freund fragen, ob er Lust auf ein Treffen am Nachmittag hat.	☐	☐	☐	☒
Olli möchte beim Bürgermeister darum bitten, einen neuen Spielplatz zu bauen.	☒	☐	☒	☐

Welchen Vorteil hat eine E-Mail? Welchen Vorteil hat eine SMS?

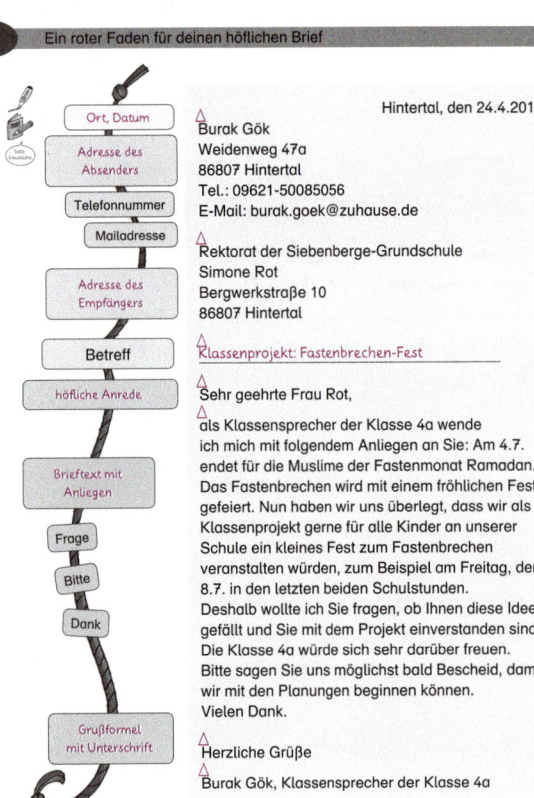

Hintertal, den 24.4.2016

Ort, Datum

Adresse des Absenders
△ Burak Gök
Weidenweg 47a
86807 Hintertal

Telefonnummer
Tel.: 09621-50085056

Mailadresse
E-Mail: burak.goek@zuhause.de

Adresse des Empfängers
△ Rektorat der Siebenberge-Grundschule
Simone Rot
Bergwerkstraße 10
86807 Hintertal

Betreff
△ Klassenprojekt: Fastenbrechen-Fest

höfliche Anrede
△ Sehr geehrte Frau Rot,

Brieftext mit Anliegen
als Klassensprecher der Klasse 4a wende
ich mich mit folgendem Anliegen an Sie: Am 4.7.
endet für die Muslime der Fastenmonat Ramadan.
Das Fastenbrechen wird mit einem fröhlichen Fest
gefeiert. Nun haben wir uns überlegt, dass wir als
Klassensprecher gerne für alle Kinder an unserer
Schule ein kleines Fest zum Fastenbrechen

Frage
veranstalten würden, zum Beispiel am Freitag, den
8.7. in den letzten beiden Schulstunden.
Deshalb wollte ich Sie fragen, ob Ihnen diese Idee

Bitte
gefällt und Sie mit dem Projekt einverstanden sind.
Die Klasse 4a würde sich sehr darüber freuen.
Bitte sagen Sie uns möglichst bald Bescheid, damit
wir mit den Planungen beginnen können.

Dank
Vielen Dank.

Grußformel mit Unterschrift
△ Herzliche Grüße

△ Burak Gök, Klassensprecher der Klasse 4a

24

---

① Burak hat seiner Rektorin einen höflichen Brief geschrieben.
a) Welcher Betreff passt am besten zu Buraks Anliegen?
Kreuze ihn an.

( ) Fest

(X) Klassenprojekt: Fastenbrechen-Fest

( ) Einladung zum Fastenbrechen

( ) Fest für die Klasse 4a

Der Betreff gibt Auskunft, worum es im Brief geht. Er ist wie eine ganz kurze Zusammenfassung.

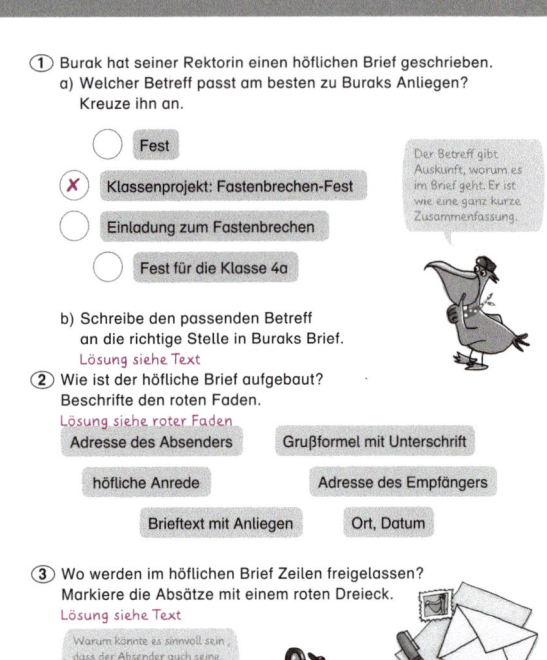

b) Schreibe den passenden Betreff
an die richtige Stelle in Buraks Brief.
Lösung siehe Text

② Wie ist der höfliche Brief aufgebaut?
Beschrifte den roten Faden.
Lösung siehe roter Faden

Adresse des Absenders	Grußformel mit Unterschrift
höfliche Anrede	Adresse des Empfängers
Brieftext mit Anliegen	Ort, Datum

③ Wo werden im höflichen Brief Zeilen freigelassen?
Markiere die Absätze mit einem roten Dreieck.
Lösung siehe Text

Warum könnte es sinnvoll sein, dass der Absender auch seine Telefonnummer oder seine Mailadresse angibt?

---

① Welcher Betreff passt zu welchem Briefausschnitt? Verbinde.
Ein Betreff passt zu keinem Brief.

Neue Schaukel für unseren Spielplatz

Wir sind Kinder der
Siebenberge-Grundschule und
spielen gerne auf dem
Spielplatz im Stadtpark. Leider
ist seit mehreren Monaten die
Schaukel kaputt und deshalb
abgebaut worden.
Wir möchten Sie höflich bitten,
eine neue Schaukel für uns zu
errichten…

Zuschuss zum Klassenausflug

Derzeit plant unsere Klasse
einen Ausflug ins „Museum für
Kinder" mit dem Bus. Deshalb
würden wir uns freuen, wenn
Sie uns ein Kostenangebot für
die Fahrt dorthin machen
könnten…

Unsere Klasse möchte zum
Abschluss der 4. Klasse in den
Niederseilgarten gehen. Da der
Eintrittspreis sehr teuer ist,
wollten wir bei Ihnen als
Elternbeirat nachfragen, ob Sie
uns hierfür eine finanzielle
Unterstützung geben könnten.

Bitte um neuen Spielplatz

Kostenangebot für Klassenfahrt

② Schreibe einen passenden Betreff zu diesem Briefausschnitt.
LÖSUNGSBEISPIEL:

Wir sind Kinder aus der Siebenberge-Grundschule.
Unsere Klasse macht bei unserem Sommerfest eine
Tombola für einen guten Zweck. Dafür brauchen wir
noch einige Preise. Deshalb wollten wir Sie als Chef
der Buchhandlung fragen, ob Sie uns ein paar
Bücher spenden könnten.

Bitte um Bücherspende

Suche dir einen Briefausschnitt aus und schreibe den vollständigen höflichen Brief dazu auf.

26

---

③ Schreibe den Briefkopf für den Brief aus Aufgabe 2.

| Hintertal, den 15.7.2016 | Siebenberge-Grundschule Klasse 4a Bergwerkstraße 10 86807 Hintertal 4a@gs-siebenberge.de |

Buchhandlung Bücherparadies
Herr Bachmann
Am Stadtpark 8
86807 Hintertal

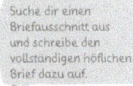
Hintertal, den 15. 07. 2016

Siebenberge-Grundschule

Klasse 4a

Bergwerkstraße 10

86807 Hintertal

4a@gs-siebenberge.de

Buchhandlung Bücherparadies

Herr Bachmann

Am Stadtpark 8

86807 Hintertal

Kannst du auch den Briefumschlag richtig beschriften?

① Male die Ampel vor jedem Satzbaustein passend aus.

Mit diesem Satzbaustein…

… teile ich mein Anliegen oder mein Problem mit

… drücke ich meine Bitte oder Frage aus

… äußere ich meinen Dank oder meine Freude.

Vielen Dank für Ihr Verständnis.

Wäre es möglich, …?

Leider muss ich Ihnen mitteilen, dass…

Das würde mich sehr freuen.

Nun möchte ich Sie fragen, ob …

Dürfte ich Sie darum bitten, dass…

Herzlichen Dank für Ihre Bemühungen.

Ich habe folgendes Anliegen: …

Ich möchte Sie darüber informieren, dass …

Das sind höfliche Anredepronomen. Man schreibt sie groß.

② Wenn du an einen Fremden schreibst oder den Empfänger siezt, musst du die höflichen Anredepronomen verwenden. Markiere alle höflichen Anredepronomen in Aufgabe 1.
Lösung siehe Aufgabe 1

Sie   Ihnen   Ihr   …

③ Setze die passenden höflichen Anredepronomen ein. Achte auf die Großschreibung.

Bedauerlicherweise muss ich Ihnen ___ sagen, dass …

Nun möchte ich Sie ___ höflich bitten, dass …

Es tut mir leid, dass ich Ihnen ___ diese Umstände bereite.

Ein besonderes Dankeschön für Ihr ___ Zuvorkommen.

Ich habe folgende Frage an Sie ___ : Wissen Sie ___ , ob …

Über Ihre ___ Antwort freue ich mich.

④ Schreibe zu diesem Anliegen 3 Sätze. Du kannst Satzbausteine aus Aufgabe 1 und 3 verwenden.

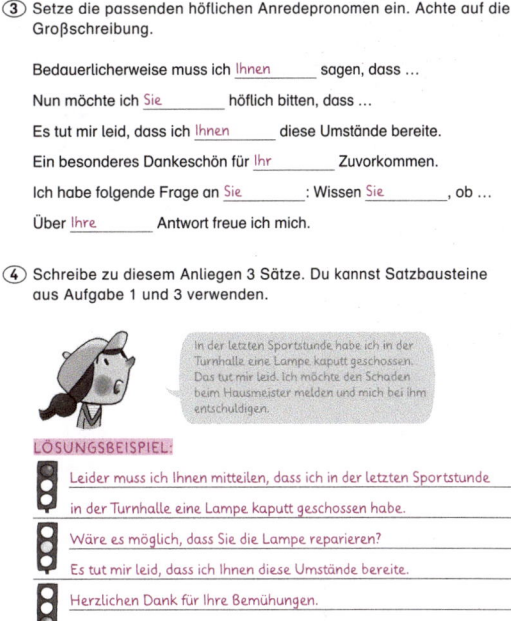

In der letzten Sportstunde habe ich in der Turnhalle eine Lampe kaputt geschossen. Das tut mir leid. Ich möchte den Schaden beim Hausmeister melden und mich bei ihm entschuldigen.

LÖSUNGSBEISPIEL:

Leider muss ich Ihnen mitteilen, dass ich in der letzten Sportstunde in der Turnhalle eine Lampe kaputt geschossen habe.

Wäre es möglich, dass Sie die Lampe reparieren?

Es tut mir leid, dass ich Ihnen diese Umstände bereite.

Herzlichen Dank für Ihre Bemühungen.

Einen höflichen Brief kannst du auch als E-Mail schreiben:

Mailadresse Absender/Empfänger

Betreff

höfliche Anrede

Brieftext mit Anliegen

Von: burak.goek@zuhause.de

An: info@museum-fuer-kinder.de

Betreff: Anfrage Führung für Kinder

Sehr geehrte Damen und Herren,

die Klasse 4a aus der Siebenberge-Grunschule plant einen Ausflug in Ihr Museum. Auf Ihrer Internetseite haben wir gesehen, dass Sie spezielle Führungen für Kinder anbieten. Als Klassensprecher wollte ich Sie nun fragen, ob Sie uns am Donnerstag, den 19.3. eine Führung am Vormittag anbieten können. Wir sind 29 Kinder und 2 Lehrerinnen. Ich würde mich sehr freuen, wenn an diesem Termin noch eine Führung frei wäre.

Vielen Dank für Ihre Auskunft!

Mit freundlichen Grüßen

Burak Gök

_____

Burak Gök
Weidenweg 47a
86807 Hintertal

Grußformel mit Name

Adresse des Absenders

Ist der Aufbau einer E-Mail ähnlich wie der eines Briefs? Finde Gemeinsamkeiten und Unterschiede.

① Wie ist eine E-Mail aufgebaut? Beschrifte den roten Faden.
Lösung siehe roter Faden

Grußformel mit Name   Betreff   höfliche Anrede

Mailadresse Absender/Empfänger   Brieftext mit Anliegen

Adresse des Absenders

② Trage die beiden Mailadressen an den richtigen Stellen in die E-Mail ein.
Lösung siehe Text
burak.goek@zuhause.de

info@museum-fuer-kinder.de

In Mailadressen gilt:
ä → ae
ö → oe
ü → ue

③ Hier ist einiges durcheinander geraten. Schreibe diese drei Mailadressen richtig auf.
Achte auf die Schreibweise von ä, ö und ü.

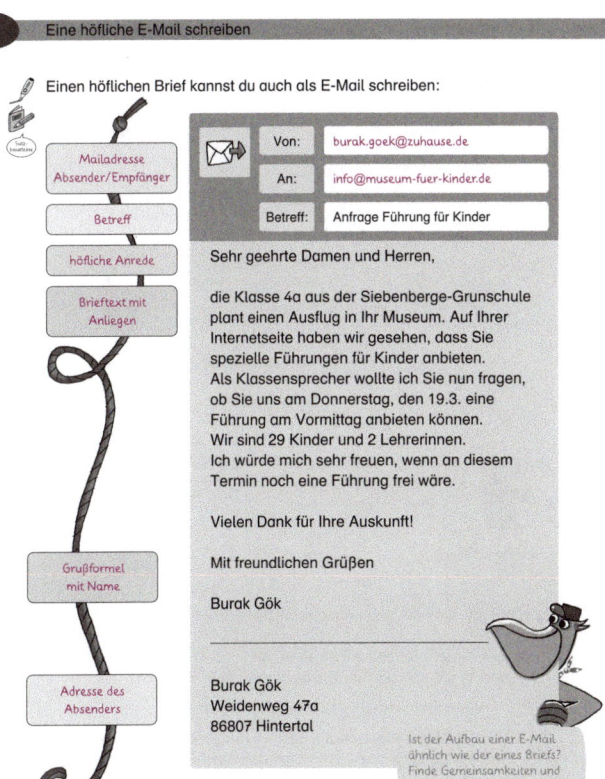

dorothee_weng

jürgen.bachmann

bücherparadies

.com

klara.händel

.de

gs-siebenberge

zuhause   .de

juergen.bachmann@buecherparadies.com

dorothee_weng@gs-siebenberge.de

klara.haendel@zuhause.de

(1) Immer schön höflich bei der Anrede. Trage die Anredeformeln in die Tabelle ein.

Wann verwendet man eigentlich die Anrede „Sehr geehrte Damen und Herren"?

Liebste Julia,   Sehr geehrte Frau Schelle,
Lieber Herr Mayr,   Hi Kumpels,
Sehr geehrte Damen und Herren,
Hallo ihr Lieben,

Höfliche Anrede	Persönliche Anrede
Sehr geehrte Frau Schelle,	Liebste Julia,
Lieber Herr Mayr,	Hi Kumpels,
Sehr geehrte Damen und Herren,	Hallo ihr Lieben,

(2) Welche Grußformeln passen zu einem höflichen Brief oder einer höflichen E-Mail? Kreuze an.

✗	Mit freundlichen Grüßen Ihre Klasse 4c	✗	Freundliche Grüße Burak Gök
	LG (= Liebe Grüße) Ihre Klasse 4b		CU („See you" = Bis bald) dein Kumpel Tim
	Bis bald deine Jule		
✗	Mit freundlichem Gruß Ihr Schüler Max		
	Hab dich lieb! deine Klara		

Kennst du noch mehr Anrede- oder Grußformeln? Sammle sie.

Wer möchte bei unseren Kindernachrichten mitmachen?
Der Radiosender Super Kids sucht noch Klassen, die Lust haben, bei den Kindernachrichten mitzumachen. Wenn ihr einen spannenden Tag in unserem Studio erleben wollt, schreibt uns einen Brief an:

Radio Super Kids
Redaktion Kindernachrichten
Herr Gruber
Postfach 59983
50872 Köln

oder eine E-Mail an: kindernachrichten@radio-super-kids.de

(1) Die Kinder der Klasse 4c möchten sich für die Kindernachrichten bewerben. Schreibe einen passenden Betreff auf:

LÖSUNGSBEISPIEL: Bewerbung Kindernachrichten

(2) Welche Anrede passt? Kreise sie ein.

Sehr geehrtes Radio Super Kids,   Hallo Redakteure vom Radio,

Liebe Redaktion Kindernachrichten,   (Sehr geehrter Herr Gruber,)

(3) Welche Anredepronomen sollte die Klasse 4c wählen? Kreuze an.

	Sie kann den Ansprechpartner ruhig mit „du" ansprechen, die Leute vom Radio sind meistens ganz locker.
✗	Sie sollte die höflichen Anredepronomen (Sie, Ihnen, …) verwenden, denn die Klasse 4c kennt den Ansprechpartner nicht und sollte ihn daher siezen.
	Am besten man vermeidet die Anrede, weil man ja nicht weiß, ob der Ansprechpartner gesiezt oder geduzt werden will.

Höflicher Brief Höfliche E-Mail	vor dem Üben			nach dem Üben		
	☆	☆☆	☆☆☆	☆	☆☆	☆☆☆
Denke ich an alle Teile eines höflichen Briefs/einer höflichen E-Mail?						
Verwende ich eine höfliche Anrede und eine passende Grußformel?						
Schildere ich mein Anliegen oder mein Problem treffend und höflich?						
Äußere ich meine Bitte oder Frage höflich und klar?						
Danke ich dem Empfänger für sein Bemühen oder sein Verständnis?						
Schreibe ich die höflichen Anredepronomen fehlerfrei (Sie, Ihnen, Ihr …)?						
Ich bin viel auf Wörterjagd gegangen:						

(1) Schätze dich selbst ein. Kreuze die gelbe Spalte an.

(2) Schreibe zur Anzeige auf Seite 33 einen höflichen Brief. Du kannst auch eine höfliche E-Mail schreiben.

Mein Tipp: Schreibe deinen höflichen Brief oder deine höfliche E-Mail doch mal mit dem Computer!

(3) Vergleiche deinen Text mit der Tabelle und schätze dich jetzt nochmal ein. Kreuze die grüne Spalte an.

---

(1) Welche Geschichten werden hier geschrieben? Verbinde.

Ich habe Bilder, auf denen eine Geschichte zu sehen ist. Diese Geschichte schreibe ich auf.

Ich denke mir zu 3 Wörtern eine Geschichte aus. Sie spielen in meiner Geschichte eine wichtige Rolle.

Fortsetzungsgeschichte

Erlebniserzählung

Reizwortgeschichte

Bildergeschichte

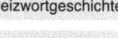

Ich habe nur den Anfang einer Geschichte und erzähle sie zu Ende.

Ich schreibe ein spannendes Erlebnis aus meinem Leben als Geschichte auf.

(2) Überlege, was für eine gute Geschichte wichtig ist.

☒ Eine Geschichte soll **unterhalten**: Sie kann zum Beispiel spannend oder **lustig** sein oder auch **zum Nachdenken anregen**.

☐ Eine Geschichte soll über Fakten **informieren**.

☒ Ein **vielfältiger Wortschatz, abwechslungsreiche Satzanfänge** und **wörtliche Rede** geben meiner Geschichte den richtigen Pfiff.

☐ **Rechtschreibung**? Darauf kommt es überhaupt nicht an.

Überschrift

Ausgangssituation

Achte auf die Luftballons! Merkst du, wie die Spannung steigt?

Problem tritt auf

✹ DAS KARTOFFELFEUER ✹

Eines Tages im Herbst schlenderte ich in der Dämmerung über einen Feldweg nach Hause, als ich plötzlich durch ein Gebüsch ein helles Flackern sah. Sofort musste ich an die Kartoffelfeuer denken, von denen uns unsere Lehrerin erzählt hatte. „Aber die gab es doch eigentlich nur früher, als die Kartoffeln noch von Hand geerntet wurden.", überlegte ich. Neugierig lugte ich durch die Hecke und traute meinen Augen kaum: Da brannte doch tatsächlich ein Kartoffelfeuer! Um das Feuer herum standen einige Kinder in altertümlichen Klamotten und riefen laut durcheinander: „Komm, mach schon, die Kartoffeln verbrennen ja!" „Ich kann aber nicht, das Feuer ist viel zu heiß!". Irgendetwas stimmte da nicht.

Ich lief zu den Kindern und fragte: „Was ist denn los? Kann ich euch helfen?". Da antwortete der größte Junge: „Wir haben ein Kartoffelfeuer gemacht, doch nun traut sich niemand, die Kartoffeln herauszuholen. Schaffst du das vielleicht? Es ist unser Abendessen!". Ich betrachtete das Feuer. Die Flammen brannten nicht mehr hoch, aber der Rauch wirbelte unzählige Funken in die Höhe. Ich war hin- und hergerissen. Sollte ich mich wirklich trauen, in die heiße Glut zu fassen? Gerade wollte ich ablehnen, da hielt mir der Junge einen dicken Stock hin. „Bitte!", flehte er. Zögerlich nahm ich den Ast und stach vorsichtig in die heiße Asche. Ich stocherte und stocherte. Meine Hände wurden ganz heiß von der Gluthitze, die mir entgegen strahlte. Da stieß ich endlich mit dem Stock gegen etwas Hartes. Das musste eine Kartoffel sein! Doch sie bewegte sich kein Stück.

Verwende beim Höhepunkt kurze Sätze und wechsel in die Gegenwart. Das erhöht die Spannung!

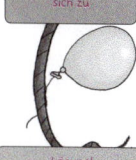

Problem spitzt sich zu

In diesem Moment dreht sich der Wind. Beißender Rauch schlägt mir ins Gesicht. Ich huste entsetzlich. Es fühlt sich an, als würde sich meine Kehle zuschnüren. Um mich herum spüre ich die angespannte Stille. Meine Augen tränen von dem beißenden Qualm. Doch ich rieche auch schon den Duft der gegrillten Kartoffel. „So haben die Cowboys im Wilden Westen früher auch immer ihr Abendessen gemacht", denke ich mir und versuche durchzuhalten. Ich hole noch einmal Schwung. Da fliegt die Kartoffel mit einem lauten Zischen aus dem Feuer.

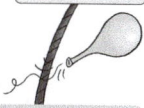

Lösung!

Geschafft! Die Kinder klopften mir auf die Schulter und brachen in Jubeln aus: „Endlich Abendessen! Danke, Jonas!". Stolz blickte ich in die Runde. Doch seltsam! Die Kinder riefen immer weiter und ihre Stimmen wurden plötzlich zu einem einzigen lauten Rufen: „Abendessen! Es gibt Ofenkartoffeln! Jonas, wo bleibst du?" Verwundert sah ich mich um: Ich lag auf dem Sofa im Wohnzimmer. Aus der Küche wehte der Duft von Ofenkartoffeln herüber und die Stimme war die von meinem Papa!

Folgen der Lösung

„Nanu", murmelte ich und rieb mir verwundert die Augen, „Ich muss eingeschlafen sein. Das Kartoffelfeuer war wohl leider nur ein Traum. Aber zumindest gibt es jetzt Ofenkartoffeln!"

Die Luft geht schnell aus dem Luftballon raus! Drum schreibe zum Schluss hin kurz und knapp!

① Wie ist die Geschichte aufgebaut? Beschrifte den roten Faden.
Lösung siehe roter Faden

Lösung!

| Überschrift | Ausgangssituation | Problem tritt auf |

| Folgen der Lösung | Problem spitzt sich zu |

---

① Schreibe die Geschichte vom Kartoffelfeuer (S. 36/37) in 5 Sätzen auf. Der rote Faden mit den Bildern hilft dir dabei.

LÖSUNGSBEISPIEL:

Ausgangssituation

Im Herbst erblickte ich auf dem Heimweg Kinder, die ein Kartoffelfeuer machten.

Problem tritt auf

Sie hatten das Problem, dass sie sich nicht trauten, die Kartoffeln aus dem Feuer zu holen, und deshalb half ich ihnen.

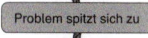

Problem spitzt sich zu

Plötzlich drehte sich der Wind und blies mir heiße Funken ins Gesicht.

Lösung!

Doch zum Glück schaffte ich es, aber das Jubeln der Kinder verwandelte sich in Papas Stimme, die zum Abendessen rief.

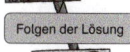

Folgen der Lösung

Brauchst du noch mehr Ideen? Hier findest du Wort- und Satzbausteine.

Leider war das Kartoffelfeuer nur ein Traum, aber zumindest gab es zum Trost nun Ofenkartoffeln.

Kinder – Kartoffelfeuer – trauten sich nicht – Kartoffeln aus dem Feuer – half ihnen – deshalb – Wind – heiße Funken – zum Glück – schaffte es – aber – Jubeln – verwandelte sich – Papas Stimme – Abendessen – nur ein Traum – aber zumindest – zum Trost – Ofenkartoffeln

---

Wie könnte sich Klaras Problem zuspitzen?

① Auf diesen Bildern siehst du, was Klara erlebt hat:

a) Zu welchem Bild passt welcher Notizzettel? Nummeriere.

2 Schlüssel vergessen – musste warten – dunkle Wolken

1 Eines Nachmittags – kam nach Hause – keiner da – aber habe ja Schlüssel

4 Endlich – Motorengeräusch – Mama kam vom Einkaufen

5 Idee – Zettel an Innenseite von der Haustür – Schlüssel dabei?

b) Betrachte noch einmal Bild 2 und Bild 4. Was könnte auf Bild 3 passieren? Male und notiere Stichpunkte.

zum Beispiel: Klara sitzt im Regen und wird ganz nass

LÖSUNGSBEISPIEL:

Plötzlich – fängt an zu tröpfeln – Regen wird immer stärker – werde pitschnass – muss im strömenden Regen warten

Kannst du jetzt Klaras Erlebnis in 5 Sätzen aufschreiben?

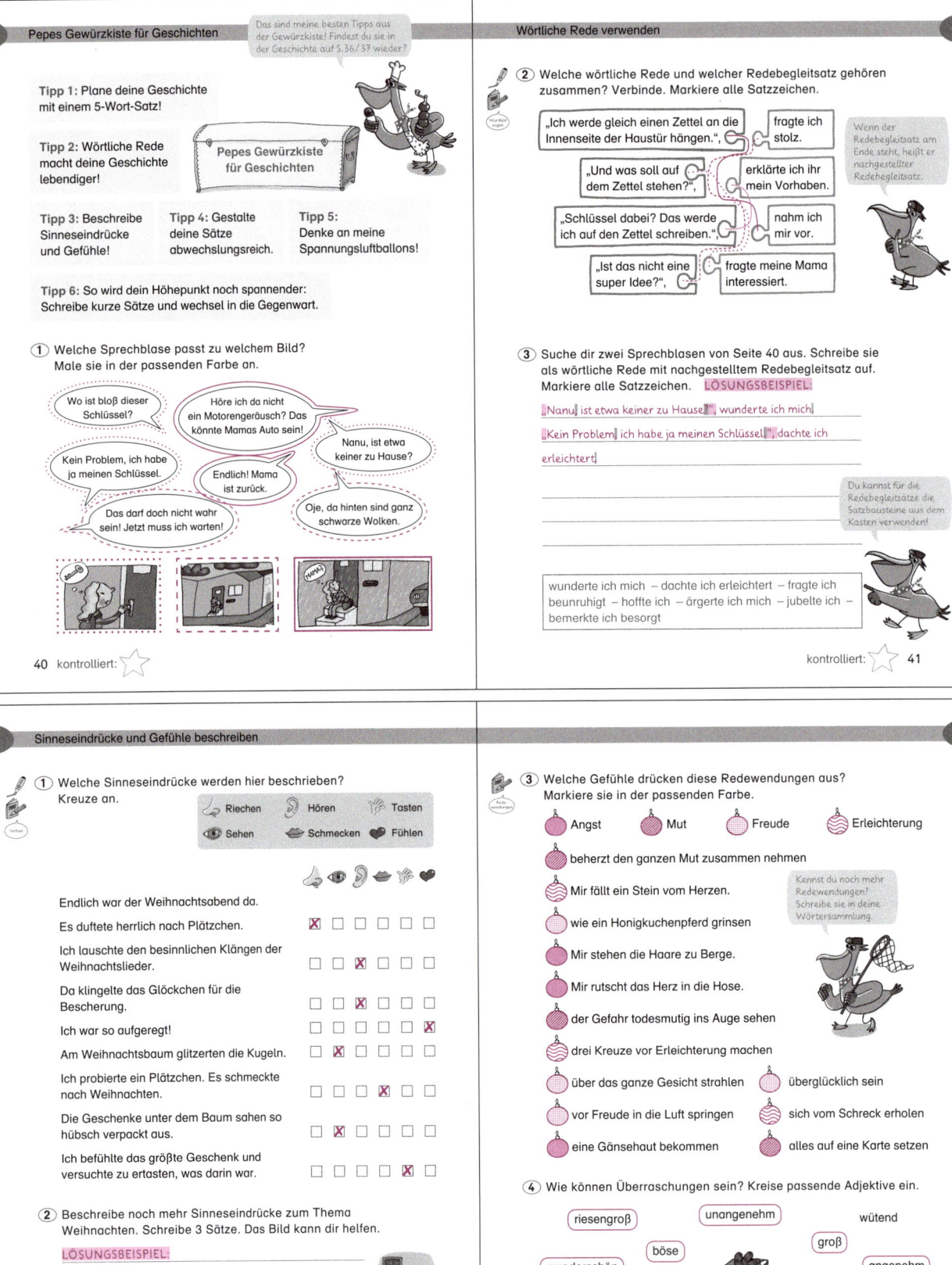

Pepes Gewürzkiste für Geschichten

Das sind meine besten Tipps aus der Gewürzkiste! Findest du sie in der Geschichte auf S.36/37 wieder?

Tipp 1: Plane deine Geschichte mit einem 5-Wort-Satz!

Tipp 2: Wörtliche Rede macht deine Geschichte lebendiger!

Pepes Gewürzkiste für Geschichten

Tipp 3: Beschreibe Sinneseindrücke und Gefühle!

Tipp 4: Gestalte deine Sätze abwechslungsreich.

Tipp 5: Denke an meine Spannungsluftballons!

Tipp 6: So wird dein Höhepunkt noch spannender: Schreibe kurze Sätze und wechsel in die Gegenwart.

1 Welche Sprechblase passt zu welchem Bild? Male sie in der passenden Farbe an.

- Wo ist bloß dieser Schlüssel?
- Höre ich da nicht ein Motorengeräusch? Das könnte Mamas Auto sein!
- Kein Problem, ich habe ja meinen Schlüssel.
- Nanu, ist etwa keiner zu Hause?
- Endlich! Mama ist zurück.
- Das darf doch nicht wahr sein! Jetzt muss ich warten!
- Oje, da hinten sind ganz schwarze Wolken.

40 kontrolliert:

Wörtliche Rede verwenden

2 Welche wörtliche Rede und welcher Redebegleitsatz gehören zusammen? Verbinde. Markiere alle Satzzeichen.

„Ich werde gleich einen Zettel an die Innenseite der Haustür hängen.", — fragte ich stolz.

„Und was soll auf dem Zettel stehen?", — erklärte ich ihr mein Vorhaben.

„Schlüssel dabei? Das werde ich auf den Zettel schreiben." — nahm ich mir vor.

„Ist das nicht eine super Idee?", — fragte meine Mama interessiert.

Wenn der Redebegleitsatz am Ende steht, heißt er nachgestellter Redebegleitsatz.

3 Suche dir zwei Sprechblasen von Seite 40 aus. Schreibe sie als wörtliche Rede mit nachgestelltem Redebegleitsatz auf. Markiere alle Satzzeichen. LÖSUNGSBEISPIEL:

„Nanu, ist etwa keiner zu Hause?", wunderte ich mich.

„Kein Problem, ich habe ja meinen Schlüssel!", dachte ich erleichtert.

Du kannst für die Redebegleitsätze die Satzbausteine aus dem Kasten verwenden!

wunderte ich mich – dachte ich erleichtert – fragte ich beunruhigt – hoffte ich – ärgerte ich mich – jubelte ich – bemerkte ich besorgt

kontrolliert: 41

Sinneseindrücke und Gefühle beschreiben

1 Welche Sinneseindrücke werden hier beschrieben? Kreuze an.

Riechen · Hören · Tasten · Sehen · Schmecken · Fühlen

	Riechen	Sehen	Hören	Schmecken	Tasten	Fühlen
Endlich war der Weihnachtsabend da.						
Es duftete herrlich nach Plätzchen.	X					
Ich lauschte den besinnlichen Klängen der Weihnachtslieder.			X			
Da klingelte das Glöckchen für die Bescherung.			X			
Ich war so aufgeregt!						X
Am Weihnachtsbaum glitzerten die Kugeln.		X				
Ich probierte ein Plätzchen. Es schmeckte nach Weihnachten.				X		
Die Geschenke unter dem Baum sahen so hübsch verpackt aus.		X				
Ich befühlte das größte Geschenk und versuchte zu ertasten, was darin war.					X	

2 Beschreibe noch mehr Sinneseindrücke zum Thema Weihnachten. Schreibe 3 Sätze. Das Bild kann dir helfen.

LÖSUNGSBEISPIEL:

Es duftete nach Mandarinen und Früchtepunsch.

Am Weihnachtsbaum leuchteten die Kerzen.

Vor dem Fenster fiel lautlos der glitzernde Schnee.

42

3 Welche Gefühle drücken diese Redewendungen aus? Markiere sie in der passenden Farbe.

Angst · Mut · Freude · Erleichterung

- beherzt den ganzen Mut zusammen nehmen
- Mir fällt ein Stein vom Herzen.
- wie ein Honigkuchenpferd grinsen
- Mir stehen die Haare zu Berge.
- Mir rutscht das Herz in die Hose.
- der Gefahr todesmutig ins Auge sehen
- drei Kreuze vor Erleichterung machen
- über das ganze Gesicht strahlen
- vor Freude in die Luft springen
- eine Gänsehaut bekommen
- überglücklich sein
- sich vom Schreck erholen
- alles auf eine Karte setzen

Kennst du noch mehr Redewendungen? Schreibe sie in deine Wörtersammlung.

4 Wie können Überraschungen sein? Kreise passende Adjektive ein.

riesengroß · unangenehm · wütend · böse · groß · wunderschön · angenehm · positiv · hoch · tief · erfreut · klein · Überraschung

kontrolliert: 43

1 Hier geht es noch abwechslungsreicher!
Lies den Text.

Eine Stechmücke flog unentwegt durch mein Zimmer.

Die Stechmücke kam summend immer näher.

Die Stechmücke näherte sich zielsicher meinem Ohr.

Die Stechmücke landete jetzt angriffslustig auf meiner Backe.

Mein erster Versuch ist ja wohl etwas langweilig geworden!

a) Welche Wörter könnte man in Pepes Text für
„Die Stechmücke" einsetzen? Kreise sie ein.

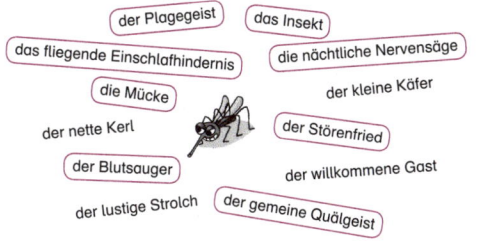

der Plagegeist

das Insekt

das fliegende Einschlafhindernis

die nächtliche Nervensäge

die Mücke

der kleine Käfer

der nette Kerl

der Störenfried

der Blutsauger

der willkommene Gast

der lustige Strolch

der gemeine Quälgeist

Gestalte deine Sätze abwechslungsreich.
• Verwende unterschiedliche Wörter.
• Stelle deine Sätze um.
• Verbinde deine Sätze mit Bindewörtern.

b) Schreibe nun den Text nochmal auf. Ersetze die Stechmücke
durch verschiedene Wörter aus Aufgabe a) und stelle die Sätze
um. Beginne immer mit dem gelben Satzglied.

Durch mein Zimmer ...   **LÖSUNGSBEISPIEL:**

... flog unentwegt eine Mücke. Summend kam die
nächtliche Nervensäge immer näher. Zielsicher
näherte sich das Insekt meinem Ohr. Jetzt landete
der Blutsauger angriffslustig auf meiner Backe.

Vergleiche deinen Text mit meinem ersten Versuch. Merkst du den Unterschied?

3 Verbinde immer zwei Sätze mit einem passenden Bindewort.
Markiere das Komma.

Ich schlug sofort zu. Die Stechmücke saß auf meiner Backe.
Zum Glück traf ich die Mücke. Es war ganz dunkel.
Nun wollte ich schlafen. Der Störenfried war endlich weg.
Doch schon wieder konnte ich nicht einschlafen.
Jetzt tat mir meine Backe weh.

obwohl

als   weil

nachdem

Ich schlug sofort zu, als die Stechmücke auf meiner Backe
saß. Zum Glück traf ich die Mücke, obwohl es ganz
dunkel war. Nun wollte ich schlafen, nachdem der
Störenfried endlich weg war. Doch schon wieder
konnte ich nicht einschlafen, weil mir jetzt meine
Backe weh tat.

Geschichte	vor dem Üben			nach dem Üben		
	☆	☆☆	☆ ☆☆ ☆☆	☆	☆☆	☆ ☆☆
Schreibe ich vorab eine stimmige 5-Satz-Geschichte?						
Denke ich an alle Teile der Geschichte?						
Würze ich meine Geschichte mit wörtlicher Rede?						
Beschreibe ich Sinneseindrücke und Gefühle?						
Verwende ich abwechslungsreiche Sätze (unterschiedliche Wörter, umgestellte Sätze, Sätze mit Bindewörtern)?						
Gestalte ich den Höhepunkt besonders aus, zum Beispiel durch kurze Sätze und Gegenwart?						
Erzähle ich in der 1. Vergangenheit?						
Schreibe ich ganze, richtige Sätze? Schreibe ich fehlerfrei?						
Ich bin viel auf Wörterjagd gegangen:						

Denke an meine Tipps aus der Gewürzkiste für Geschichten (S. 40)!

1 Schätze dich selbst ein. Kreuze die gelbe Spalte an.

2 Schreibe zu den Bildern auf Seite 39 eine
Geschichte in der Ich-Form.

3 Vergleiche deinen Text mit der Tabelle und schätze
dich jetzt nochmal ein. Kreuze die grüne Spalte an.

1 Woher kommen die Informationen? Verbinde.

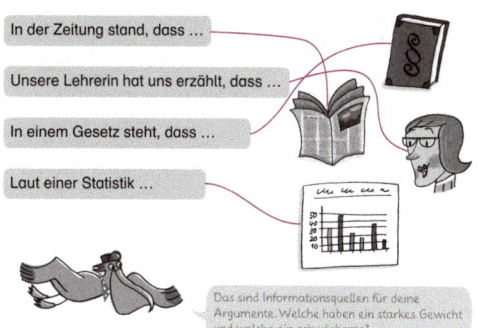

In der Zeitung stand, dass ...

Unsere Lehrerin hat uns erzählt, dass ...

In einem Gesetz steht, dass ...

Laut einer Statistik ...

Das sind Informationsquellen für deine Argumente. Welche haben ein starkes Gewicht und welche ein schwächeres?

2 Überlege, was für eine Argumentation wichtig ist. Kreuze an.

☒ Wenn man eine Argumentation schreibt, gibt es Argumente dafür
und Argumente dagegen. Das nennt man auch „Pro" und „Contra".

☒ Mit Argumenten kannst du deine Meinung erklären. Es gibt
schwache Argumente. Das bedeutet, dass sie nicht so sehr
überzeugen. Starke Argumente überzeugen dagegen sehr.

☐ Da meine Meinung gefragt ist,
schreibe ich wie ich spreche.
Ich verwende Wörter wie „cool"
und „super".

Argumente

Pro   Contra

☐ Eine Argumentation ist schnell fertig.
Es reicht aus, wenn ich kurz und bündig
meine Meinung sage.

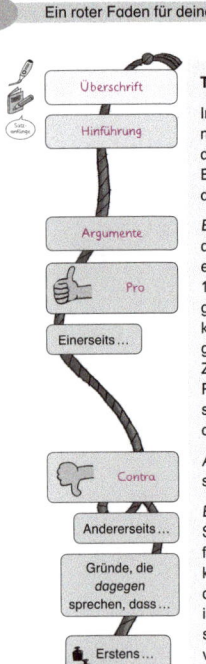

Überschrift

Hinführung

Argumente

Pro

Einerseits …

Contra

Andererseits …

Gründe, die *dagegen* sprechen, dass …

Erstens …
Zweitens …
Drittens …

Thema: Darf Spielzeug mit in die Grundschule?

In unserer Klasse fragen immer wieder Kinder nach, ob sie von zu Hause Spielzeug mitnehmen dürfen. Sie möchten damit in der Pause spielen. Es stellt sich also die Frage, ob Spielzeug mit in die Schule genommen werden darf.

Einerseits wünscht sich die Mehrheit der Klasse, dass jeder eigenes Spielzeug mitnehmen darf. In einer Befragung in unserer Klasse möchten 8 von 12 Jungen und 4 von 11 Mädchen dies. Als Grund geben viele an, dass das Spielzeug der Schule kaputt oder unvollständig sei. Außerdem sei nicht genügend Spielzeug für alle Kinder vorhanden. Zwei Kinder geben an, dass ihnen das Pausenspielzeug zu langweilig sei. Deshalb sind sie *dafür*, dass Spielzeug mitgenommen werden darf.

Andererseits gibt es viele Gründe, die *dagegen* sprechen, eigenes Spielzeug zu erlauben.

Erstens besteht immer die Gefahr, dass ein Spielzeug kaputt geht. Das kann vor allem dann für Ärger sorgen, wenn es nicht beim Besitzer kaputt geht, sondern während ein anderes Kind damit spielt. Schließlich macht eigenes Spielzeug in der Schule nur dann Sinn, wenn jeder damit spielen darf. Außerdem kann Spielzeug auch verloren gehen oder im schlimmsten Fall sogar gestohlen werden. Wenn es dann auch noch ein teures Spielzeug ist, ärgern sich nicht nur die Kinder, sondern auch die Eltern. Daher ist es meiner Meinung nach besser, wenn das Spielzeug zu Hause bleibt.

Zweitens gibt es mehr Konflikte, wenn jeder sein Spielzeug dabei hat. Hier ein Beispiel: Wir hatten eine Probewoche „Spielzeug in der Schultasche". Unsere Lehrerin musste dauernd Kinder ermahnen, bei Unterrichtsbeginn das Spielzeug wegzulegen. Manche Kinder ließen andere auch nicht mitspielen. Oder es wurden Gruppen gebildet, bei denen nur die Kinder mit einem bestimmten Spielzeug dabei waren. Das war für alle sehr anstrengend. Daher finde ich es besser, wenn gemeinsam mit dem Spielzeug der Schule gespielt wird und das eigene Spielzeug zu Hause bleibt.

Drittens …

Zusammengefasst möchten zwar einige Kinder ihr Spielzeug mit in die Schule nehmen. Allerdings hat die Erfahrung gezeigt, dass mitgebrachtes Spielzeug für mehr Konflikte sorgt als für gemeinsames Spielen. Deshalb sollte eigenes Spielzeug zu Hause bleiben.

Vielleicht wäre als Kompromiss auch möglich, dass …

Wenn deine Meinung dagegen ist, argumentierst du erst Pro, dann Contra. Bist du dafür, ist es andersherum.

Fazit

Zusammengefasst …

Hast du eine Idee für einen Kompromiss?

① Welches Argument wird hier nicht ausgeführt? Kreuze es an.

☐ Die Mehrheit der Klasse möchte eigenes Spielzeug mitnehmen.

☐ Eigenes Spielzeug kann kaputt gehen oder verloren gehen.

☐ Mit eigenem Spielzeug gibt es mehr Konflikte in der Klasse.

☒ Eigenes Spielzeug kann den Unterricht bereichern.

② Wie ist eine Argumentation aufgebaut? Beschrifte den roten Faden.
Lösung siehe roter Faden

| Pro | Hinführung | Überschrift | Argumente | Contra | Fazit |

Die Klasse 4c der Siebenberge-Grundschule fährt ins Schullandheim. Nun stellt sich die Frage: **Handys im Schullandheim – ist das sinnvoll?**

① Welche Aussage ist Pro , welche Contra ? Kreuze an.

Aus meiner langen Erfahrung weiß ich, dass es meist große Schwierigkeiten gibt, wenn Handys mit ins Schullandheim genommen werden.

Ja, das sehe ich auch so! Wenn Handys dabei sind, gibt es oft Ärger: Das eine wurde verloren, das andere gestohlen… Da macht das Schullandheim niemandem Spaß.

 ☐ ☒

 ☐ ☒

Umfrage Klasse 4c:
Sollen Handys mit ins Schullandheim?

Dafür: ┼┼┼┼ ┼┼┼┼ ┼┼┼┼ Dagegen: ┼┼┼┼ ┼┼┼┼

 ☒ ☐

Die Mehrheit der Kinder hat für „Ja" gestimmt. Unsere Handys sind für uns sehr wichtig.

Können wir nicht einfach normal spielen – miteinander und ohne Handy? Das Schullandheim ist doch dazu da, dass wir gemeinsam etwas unternehmen und Spannendes erleben!

 ☒ ☐

 ☐ ☒

Bei einem Schullandheimaufenthalt handelt es sich um eine Schulveranstaltung, bei der dieselben Regeln wie im Unterricht gelten.

SCHUL-GESETZ

 ☐ ☒

In einer Befragung haben wir herausgefunden, dass 5 % aller Kinder und Jugendlichen mediensüchtig sind. Das bedeutet, dass sie sich nicht mehr vorstellen können, ohne ihr Handy, Computerspiele oder Internet zu leben. Wir raten dringend handyfreie Zeiten einzuführen, in denen Kinder bewusst auf ihr Handy und den Computer verzichten.

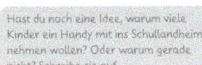 ☐ ☒

Hast du noch eine Idee, warum viele Kinder ein Handy mit ins Schullandheim nehmen wollen? Oder warum gerade nicht? Schreibe sie auf.

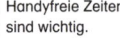

② Hier siehst du 5 Argumente, die zu den Aussagen aus Aufgabe 1 passen. Male den Stift in der passenden Farbe an.

Im Schullandheim gelten dieselben Regeln wie im Unterricht. *blau*

Handyfreie Zeiten sind wichtig. *grün*

Handys im Schullandheim machen viel Ärger. *rot*

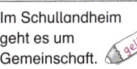
Im Schullandheim geht es um Gemeinschaft. *gelb*

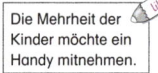
Die Mehrheit der Kinder möchte ein Handy mitnehmen. *lila*

① Sortiere die Argumente *für* und *gegen* Handys im Schullandheim nach Pepes Rezept-Zettel. LÖSUNGSBEISPIEL:

Thema: Handys im Schullandheim – ist das sinnvoll?

👍 Pro	👎 Contra
Die Mehrheit der Kinder möchte ein Handy mitnehmen.	🖋 Handys im Schullandheim machen viel Ärger.
	🖋 Im Schullandheim geht es um Gemeinschaft.
	🖋 Im Schullandheim gelten dieselben Regeln wie im Unterricht.

Handyfreie Zeiten sind wichtig. ~~(durchgestrichen)~~

Im Schullandheim gelten dieselben Regeln wie im Unterricht.

Die Mehrheit der Kinder möchte ein Handy mitnehmen.

Handys im Schullandheim machen viel Ärger.

Im Schullandheim geht es um Gemeinschaft.

So sortierst du deine Argumente!

Schritt 1: Trage das *Argument dafür* in der Tabelle in die Spalte „Pro" ein.

Schritt 2: Wähle von den *Argumenten dagegen* 3 aus, die du am besten findest. Streiche das 4. Argument weg.

Schritt 3: Gewichte deine Argumente.
🖋 Das schwächste Argument schreibst du als erstes auf.
🖋 Das mittelstarke Argument schreibst du als nächstes auf.
🖋 Das stärkste Argument, schreibst du als letztes auf.

👉 Argument: Die Mehrheit der Kinder möchte ein Handy mitnehmen.

Umfrage Klasse 4c:
Sollen Handys mit ins Schullandheim?
Dafür: ✚✚✚ ✚✚✚ ✚✚✚ IIII   Dagegen: ✚✚✚ ✚✚✚

Wir haben für „Ja" gestimmt. Wir möchten endlich mal unsere neuesten Handy-Spiele zusammen spielen.

Wir wollen mit unseren Handys Nachrichten und Fotos an unsere Freunde zu Hause senden.

Ob Pro oder Contra, das ist der Bauplan für jedes Argument.

① Nun bist du mit dem ersten Argument an der Reihe. Formuliere es nach Pepes Bauplan. Die Wortbausteine und Aussagen der Kinder helfen dir dabei. LÖSUNGSBEISPIEL:

Die Mehrheit der Kinder möchte ein Handy mitnehmen.
In einer Befragung hat die Mehrheit der Kinder für Handys im Schullandheim gestimmt. Einige Kinder möchten zusammen ihre neuesten Handy-Spiele spielen. Andere wollen mit ihren Handys Nachrichten und Fotos an ihre Freunde zu Hause senden. Deshalb sollten Handys im Schullandheim erlaubt werden.

Argument beginnen
Die Mehrheit der Kinder …

Argument erklären
In einer Befragung …
Einige Schüler möchten …
Andere wollen …

Argument beenden
Deshalb …

Argumentation	vor dem Üben			nach dem Üben		
	☆	☆☆	☆ ☆☆	☆	☆☆	☆ ☆☆
Enthält mein Text eine Hinführung, die Seiten Pro und Contra und ein Fazit?						
Wird deutlich, zu welchem Thema ich schreibe?						
Sortiere ich die Argumente? (Pro-Contra, schwach-stark)						
Wähle ich gute und überzeugende Argumente aus?						
Untermauere ich jedes Argument mit einer überzeugenden Erklärung (Beobachtung, Befragung, Zeitungsartikel…)?						
Verwende ich unterschiedliche Satzanfänge und Ausdrücke?						
Mache ich im Fazit einen sinnvollen Vorschlag für einen Kompromiss?						
Ich bin viel auf Wörterjagd gegangen:						

① Schätze dich selbst ein. Kreuze die gelbe Spalte an.

Denke daran: Bist du gegen Handys im Schullandheim, ist die Reihenfolge der Argumente zuerst Pro und dann Contra! Bist du für Handys im Schullandheim, ist die Reihenfolge erst Contra, dann Pro!

② Schreibe eine Argumentation zum Thema „Handys im Schullandheim – Ist das sinnvoll?". Die Ideen von Seite 50 bis 53 können dir dabei helfen.

③ Vergleiche deinen Text mit der Tabelle und schätze dich jetzt nochmal ein. Kreuze die grüne Spalte an.

---

① Wo kannst du Informationen für einen Sachtext finden? Kreise ein.

② Überlege, was bei einem Sachtext wichtig ist. Kreuze an.

☒ Mit einem Sachtext **informiere** ich den Leser über eine Sache, zum Beispiel über ein Tier, eine berühmte Person, eine Erfindung…

☒ Wichtig ist, dass die Informationen im Sachtext in einer **sinnvollen Reihenfolge** geordnet sind. Dafür ist eine **Gliederung** hilfreich.

☐ In jeden Sachtext gehört eine **Portion Spannung** und **viel Gefühl**.

☒ Ich verwende im Sachtext **kurze und gut verständliche Sätze**.

☒ Mit einem Sachtext soll sich der Leser einen guten **Überblick über ein Thema** verschaffen können.

☒ Vor dem Schreiben sammle ich **viele Informationen** zum Thema.

☐ Wenn ich zu einem Thema nicht genügend Informationen finde, kann ich auch **Sachverhalte erfinden**.

Der rote Faden ist die Gliederung des Sachtexts!

Aussehen

Lebensraum

Verbreitung

Warum leuchten Glühwürmchen?

Glühwürmchen

Glühwürmchen oder **Leuchtkäfer** sind Insekten. Sie gehören zur Familie der Käfer. Glühwürmchen sind braun, 1 bis 2 cm lang und können im Hinterleib leuchten. Die dunkelbraunen Männchen haben voll ausgebildete Flügel, während die Weibchen nur sehr kurze Flügelstummel haben.

Glühwürmchen leben an Waldrändern, in Gebüschen oder auf wilden Wiesen. Besonders gern mögen sie Orte, wo es viele Schnecken gibt. Denn die Larven ernähren sich von ihnen. Glühwürmchen gibt es überall auf der Welt, außer in der Arktis. In Europa sind sie vor allem im Sommer unterwegs.

Das Licht der Glühwürmchen sieht man nur in der Dunkelheit. Sie verständigen sich damit während der Paarungszeit. Mithilfe des Leuchtens finden Männchen und Weibchen zueinander. Manche Glühwürmchen leuchten die ganze Zeit, andere lassen ihr Licht blinken.

Glühwürmchen haben im Hinterleib Leuchtzellen. Dort produzieren sie den Leuchtstoff Luciferin. Ein bestimmtes Enzym (Luciferase) bringt den Leuchtstoff Luciferin zum Leuchten. Die Glühwürmchen können das Leuchten gezielt einschalten und ausschalten.

Wie entsteht das Leuchten?

1. Trage die Gliederungspunkte der Mindmap an der richtigen Stelle in den roten Faden ein.
   Lösung siehe roter Faden

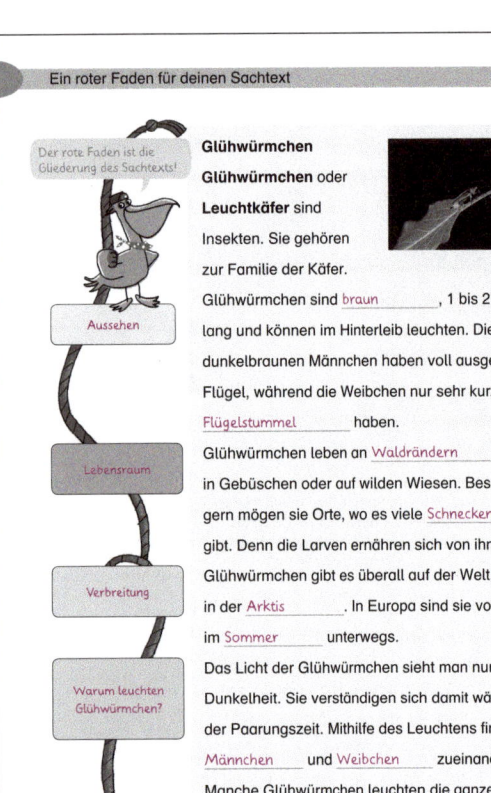

Leuchtstoff Luciferin
1-2 cm   braun
Wie entsteht das Leuchten?
Aussehen
Weibchen: Flügelstummel
Leuchtzellen im Hinterleib
Glühwürmchen
Verbreitung
überall, außer in der Arktis
Warum leuchten Glühwürmchen?
in Europa im Sommer unterwegs
an Waldrändern
Lebensraum
verständigen sich damit
Männchen und Weibchen finden zueinander
Orte mit Schnecken

2. Ergänze die Lücken im Sachtext mithilfe der Mindmap.
   Lösung siehe Text

kontrolliert: ⭐ 57

---

1. Lies die beiden Texte über Geysire. Unterstreiche wichtige Informationen. LÖSUNGSBEISPIELE

Besondere Naturspektakel

Geysire
Hast du schon einmal etwas von Geysiren gehört? Ein Geysir ist eine besondere Art einer heißen Quelle. Er bricht in regelmäßigen Abständen aus. Dabei stößt er das heiße Wasser als Fontäne aus. Ein Geysir ist also so etwas wie ein natürlicher Springbrunnen.
Geysire kommen in Regionen vor, wo es Vulkane gibt.

Durch die Vulkantätigkeit wird das Wasser der unterirdischen Quelle erhitzt. Es kann bis zu 100°C heiß werden. Weil das Wasser unterirdisch nicht schnell genug strömen kann, entweicht es an die Oberfläche. Dabei entsteht ein sehr hoher Druck, sodass das Wasser hoch in die Luft geschleudert wird.

www.geysire.de
WISSEN

Geysire gibt es auf Island, in Russland, Chile, Alaska und den USA.
Bekannte Geysire sind zum Beispiel der Old Faithful im Yellowstone-Nationalpark in den USA oder der Große Geysir auf Island.

Man unterscheidet zwei Arten von Geysiren: Fontänenartige Geysire und düsenartige Geysire. Die fontänenartigen Geysire stoßen das Wasser als Schwall aus, während bei den düsenartigen eher ein schmaler Wasser- oder Dampfstrahl entsteht.

Wusstest du schon?
1870 wurde der erste Geysir entdeckt. Der Old Faithful in den USA.

---

2. Pepe ordnet die Informationen in einer Mindmap. Trage die Gliederungspunkte an der richtigen Stelle ein.

Was ist ein Geysir?   So funktioniert ein Geysir

Arten von Geysiren   Verbreitung   Bekannte Geysire

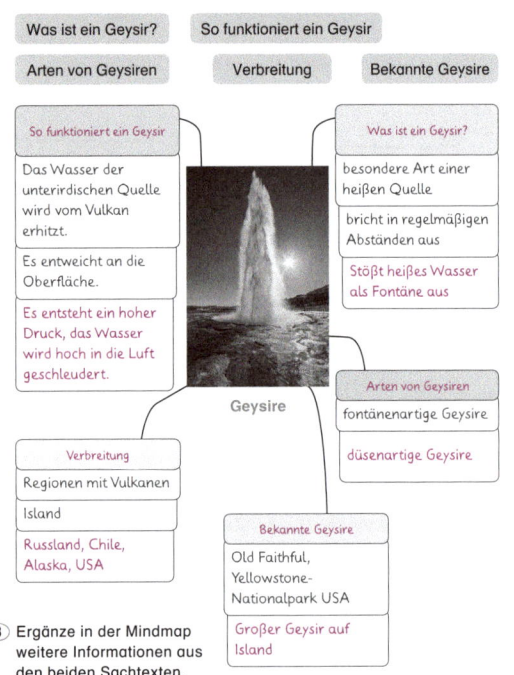

So funktioniert ein Geysir
Das Wasser der unterirdischen Quelle wird vom Vulkan erhitzt.
Es entweicht an die Oberfläche.
Es entsteht ein hoher Druck, das Wasser wird hoch in die Luft geschleudert.

Was ist ein Geysir?
besondere Art einer heißen Quelle
bricht in regelmäßigen Abständen aus
Stößt heißes Wasser als Fontäne aus

Arten von Geysiren
fontänenartige Geysire
düsenartige Geysire

Geysire

Verbreitung
Regionen mit Vulkanen
Island
Russland, Chile, Alaska, USA

Bekannte Geysire
Old Faithful, Yellowstone-Nationalpark USA
Großer Geysir auf Island

3. Ergänze in der Mindmap weitere Informationen aus den beiden Sachtexten.
   Lösung siehe Aufgabe 2

kontrolliert: ⭐ 59

1 Welche Überschrift passt zu welcher Mindmap? Trage sie ein.
Eine Überschrift passt zu keiner Mindmap.

Die Glühbirne **Fledermäuse** **Regisseur** **Mutter Teresa**

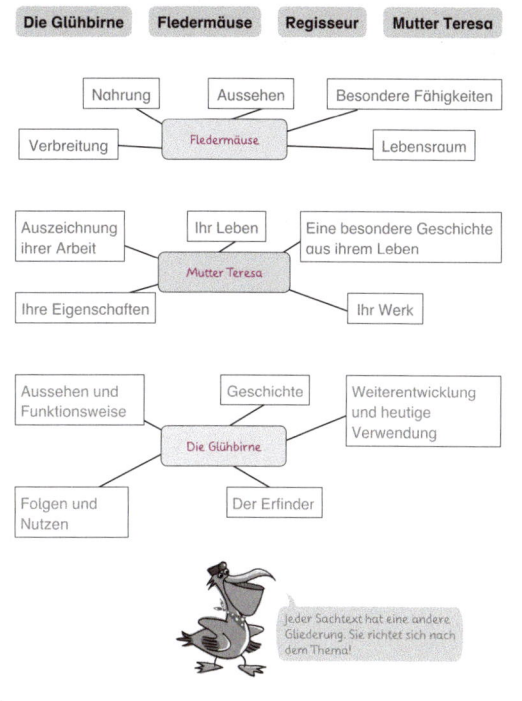

2 Pepe hat die Gliederungspunkte aus der Mindmap in eine
unterschiedliche Reihenfolge gebracht.
Welche Gliederung findest du besser? Kreuze an.

☐ **Gliederung Fledermaus**

1. Nahrung
2. Besondere Fähigkeiten
3. Lebensraum
4. Verbreitung
5. Aussehen

☒ **Gliederung Fledermaus**

1. Aussehen
2. Nahrung
3. Lebensraum
4. Verbreitung
5. Besondere Fähigkeiten

3 Bringe die Gliederungspunkte aus den zwei anderen Mindmaps in
eine sinnvolle Reihenfolge.
LÖSUNGSBEISPIELE:

Gliederung: Die Glühbirne

1. Aussehen und Funktionsweise
2. Der Erfinder
3. Geschichte
4. Folgen und Nutzen
5. Weiterentwicklung und heutige Verwendung

Gliederung: Mutter Teresa

1. Ihr Leben
2. Ihr Werk
3. Ihre Eigenschaften
4. Eine besondere Geschichte aus ihrem Leben
5. Auszeichnung ihrer Arbeit

Wozu ist eine Gliederung nützlich?

Jeder Sachtext hat eine andere Gliederung. Sie richtet sich nach dem Thema!

60

kontrolliert: ⭐ 61

---

1 Hier sind zwei Sachtexte durcheinander geraten.
Markiere nur die Sätze mit Informationen zu Seepferdchen.

Seepferdchen sind Fische, auch wenn sie keine Flossen haben.
Kängurus gehören zu den Säugetieren. Zum Leben brauchen sie Salzwasser,
deshalb ist ihr Lebensraum das Meer. Sie leben in Australien. Es gibt sie weltweit,
viele von ihnen leben im Pazifischen Ozean. Seepferdchen schwimmen, indem
sie ihren Schwanz durch das Wasser bewegen. Die Beuteltiere bewegen sich
hüpfend fort. Sie sehen nicht wie gewöhnliche Fische aus. Ihr Kopf erinnert an ein
Pferd, ihr Hinterleib sieht eher wie der eines Wurms aus. Ihr langer Schwanz dient
ihnen dazu, beim Hüpfen die Balance zu halten. Ungewöhnlich ist bei den
Seepferdchen auch, dass die Männchen trächtig (= schwanger) werden. Das
Junge kommt ganz winzig auf die Welt und verbringt seine ersten 9 Monate im
Beutel seiner Mutter. Es brütet in seiner Bruttasche bis zu 200 Eier aus. Im
Seegras bringt das Männchen dann die kleinen Seepferdchen zur Welt. Die
Jungen sind von Anfang an auf sich alleine gestellt.

2 Schreibe einen Steckbrief zum Seepferdchen. Überlege dir
sinnvolle Gliederungspunkte für die Informationen.
LÖSUNGSBEISPIEL:

Steckbrief

Name: Seepferdchen

Tierart: Fische

Lebensraum : Meer, Salzwasser

Verbreitung : weltweit, viele im Pazifischen Ozean

Aussehen : nicht wie ein gewöhnlicher Fisch, Kopf

erinnert an ein Pferd, der Hinterleib an einen Wurm

Besonderheiten : Männchen wird trächtig, brütet in seiner

Brusttasche bis zu 200 Eier aus, bringt im Seegras die kleinen

Seepferdchen auf die Welt

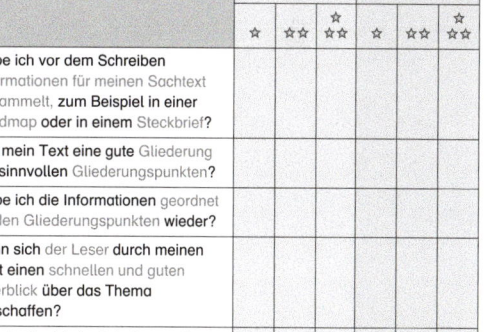

Statt in einer Mindmap kannst du Informationen auch in einem Steckbrief sammeln und ordnen!

62 kontrolliert: ⭐

Sachtext	vor dem Üben			nach dem Üben		
	⭐	⭐⭐	⭐⭐⭐	⭐	⭐⭐	⭐⭐⭐
Habe ich vor dem Schreiben Informationen für meinen Sachtext gesammelt, zum Beispiel in einer Mindmap oder in einem Steckbrief?						
Hat mein Text eine gute Gliederung mit sinnvollen Gliederungspunkten?						
Gebe ich die Informationen geordnet zu den Gliederungspunkten wieder?						
Kann sich der Leser durch meinen Text einen schnellen und guten Überblick über das Thema verschaffen?						
Beschreibe ich in einfachen und gut verständlichen Sätzen?						
Habe ich einen eigenen Text mit eigenen Worten geschrieben?						
Ergänze ich meinen Sachtext mit einem passenden Bild oder Foto?						
Ich bin viel auf Wörter- und Satzbausteinjagd gegangen:						

1 Schätze dich selbst ein.
Kreuze die gelbe Spalte an.

2 Schreibe zum Steckbrief auf S. 62
einen Sachtext über Seepferdchen.

3 Vergleiche deinen Text mit der Tabelle
und schätze dich jetzt nochmal ein.
Kreuze die grüne Spalte an.

Brauchst du Hilfe bei der Gliederung? Nimm die Gliederung des Sachtextes über Glühwürmchen als Vorlage und passe sie ein bisschen an.

kontrolliert: ⭐ 63

Hier ist Platz für deine Notizen:

Wer möchte bei unseren Kindernachrichten mitmachen?
Der Radiosender Super Kids sucht noch Klassen, die Lust haben, bei den Kindernachrichten mitzumachen. Wenn ihr einen spannenden Tag in unserem Studio erleben wollt, schreibt uns einen Brief an:

Radio Super Kids
Redaktion Kindernachrichten
Herr Gruber
Postfach 59983
50872 Köln

oder eine E-Mail an: kindernachrichten@radio-super-kids.de

(1) Die Kinder der Klasse 4c möchten sich für die Kindernachrichten bewerben. Schreibe einen passenden Betreff auf:

_____

(2) Welche Anrede passt? Kreise sie ein.

Sehr geehrtes Radio Super Kids,   Hallo Redakteure vom Radio,

Liebe Redaktion Kindernachrichten,   Sehr geehrter Herr Gruber,

(3) Welche Anredepronomen sollte die Klasse 4c wählen? Kreuze an.

	Sie kann den Ansprechpartner ruhig mit „du" ansprechen, die Leute vom Radio sind meistens ganz locker.
	Sie sollte die höflichen Anredepronomen (Sie, Ihnen, …) verwenden, denn die Klasse 4c kennt den Ansprechpartner nicht und sollte ihn daher siezen.
	Am besten man vermeidet die Anrede, weil man ja nicht weiß, ob der Ansprechpartner gesiezt oder geduzt werden will.

kontrolliert: ☆   33

Höflicher Brief Höfliche E-Mail	vor dem Üben			nach dem Üben		
	☆	☆☆	☆ ☆☆	☆	☆☆	☆ ☆☆
Denke ich an alle Teile eines höflichen Briefs/einer höflichen E-Mail?						
Verwende ich eine höfliche Anrede und eine passende Grußformel?						
Schildere ich mein Anliegen oder mein Problem treffend und höflich?						
Äußere ich meine Bitte oder Frage höflich und klar?						
Danke ich dem Empfänger für sein Bemühen oder sein Verständnis?						
Schreibe ich die höflichen Anredepronomen fehlerfrei (Sie, Ihnen, Ihr …)?						
Ich bin viel auf Wörterjagd gegangen:						

① Schätze dich selbst ein. Kreuze die gelbe Spalte an.

② Schreibe zur Anzeige auf Seite 33 einen höflichen Brief. Du kannst auch eine höfliche E-Mail schreiben.

Mein Tipp: Schreibe deinen höflichen Brief oder deine höfliche E-Mail doch mal mit dem Computer!

③ Vergleiche deinen Text mit der Tabelle und schätze dich jetzt nochmal ein. Kreuze die grüne Spalte an.

1 Welche Geschichten werden hier geschrieben? Verbinde.

Ich habe Bilder, auf denen eine Geschichte zu sehen ist. Diese Geschichte schreibe ich auf.

Ich denke mir zu 3 Wörtern eine Geschichte aus. Sie spielen in meiner Geschichte eine wichtige Rolle.

Fortsetzungsgeschichte

Erlebniserzählung

Reizwortgeschichte

Bildergeschichte

Ich habe nur den Anfang einer Geschichte und erzähle sie zu Ende.

Ich schreibe ein spannendes Erlebnis aus meinem Leben als Geschichte auf.

2 Überlege, was für eine gute Geschichte wichtig ist.

☐ Eine Geschichte soll **unterhalten**: Sie kann zum Beispiel spannend oder **lustig** sein oder auch **zum Nachdenken anregen**.

☐ Eine Geschichte soll über Fakten **informieren**.

☐ Ein **vielfältiger Wortschatz, abwechslungsreiche Satzanfänge** und **wörtliche Rede** geben meiner Geschichte den richtigen Pfiff.

☐ **Rechtschreibung**? Darauf kommt es überhaupt nicht an.

kontrolliert: ☆ 35

Wortfeld
Feuer

Achte auf die
Luftballons!
Merkst du, wie die
Spannung steigt?

DAS KARTOFFELFEUER

Eines Tages im Herbst schlenderte ich in der Dämmerung über einen Feldweg nach Hause, als ich plötzlich durch ein Gebüsch ein helles Flackern sah. Sofort musste ich an die Kartoffelfeuer denken, von denen uns unsere Lehrerin erzählt hatte. „Aber die gab es doch eigentlich nur früher, als die Kartoffeln noch von Hand geerntet wurden.", überlegte ich. Neugierig lugte ich durch die Hecke und traute meinen Augen kaum: Da brannte doch tatsächlich ein Kartoffelfeuer! Um das Feuer herum standen einige Kinder in altertümlichen Klamotten und riefen laut durcheinander: „Komm, mach schon, die Kartoffeln verbrennen ja!" „Ich kann aber nicht, das Feuer ist viel zu heiß!". Irgendetwas stimmte da nicht.

Ich lief zu den Kindern und fragte: „Was ist denn los? Kann ich euch helfen?". Da antwortete der größte Junge: „Wir haben ein Kartoffelfeuer gemacht, doch nun traut sich niemand, die Kartoffeln herauszuholen. Schaffst du das vielleicht? Es ist unser Abendessen!". Ich betrachtete das Feuer. Die Flammen brannten nicht mehr hoch, aber der Rauch wirbelte unzählige Funken in die Höhe. Ich war hin- und hergerissen. Sollte ich mich wirklich trauen, in die heiße Glut zu fassen? Gerade wollte ich ablehnen, da hielt mir der Junge einen dicken Stock hin. „Bitte!", flehte er. Zögerlich nahm ich den Ast und stach vorsichtig in die heiße Asche. Ich stocherte und stocherte. Meine Hände wurden ganz heiß von der Gluthitze, die mir entgegen strahlte. Da stieß ich endlich mit dem Stock gegen etwas Hartes. Das musste eine Kartoffel sein! Doch sie bewegte sich kein Stück.

Verwende beim Höhepunkt kurze Sätze und wechsel in die Gegenwart. Das erhöht die Spannung!

In diesem Moment dreht sich der Wind. Beißender Rauch schlägt mir ins Gesicht. Ich huste entsetzlich. Es fühlt sich an, als würde sich meine Kehle zuschnüren. Um mich herum spüre ich die angespannte Stille. Meine Augen tränen von dem beißenden Qualm. Doch ich rieche auch schon den Duft der gegrillten Kartoffel. „So haben die Cowboys im Wilden Westen früher auch immer ihr Abendessen gemacht", denke ich mir und versuche durchzuhalten. Ich hole noch einmal Schwung. Da fliegt die Kartoffel mit einem lauten Zischen aus dem Feuer.

Geschafft! Die Kinder klopften mir auf die Schulter und brachen in Jubeln aus: „Endlich Abendessen! Danke, Jonas!". Stolz blickte ich in die Runde. Doch seltsam! Die Kinder riefen immer weiter und ihre Stimmen wurden plötzlich zu einem einzigen lauten Rufen: „Abendessen! Es gibt Ofenkartoffeln! Jonas, wo bleibst du?" Verwundert sah ich mich um: Ich lag auf dem Sofa im Wohnzimmer. Aus der Küche wehte der Duft von Ofenkartoffeln herüber und die Stimme war die von meinem Papa!

„Nanu", murmelte ich und rieb mir verwundert die Augen, „Ich muss eingeschlafen sein. Das Kartoffelfeuer war wohl leider nur ein Traum. Aber zumindest gibt es jetzt Ofenkartoffeln!"

Die Luft geht schnell aus dem Luftballon raus! Drum schreibe zum Schluss hin kurz und knapp!

1 Wie ist die Geschichte aufgebaut? Beschrifte den roten Faden.

Lösung!

Überschrift   Ausgangssituation   Problem tritt auf

Folgen der Lösung   Problem spitzt sich zu

kontrolliert: ☆   37

1 Schreibe die Geschichte vom Kartoffelfeuer (S. 36/37) in 5 Sätzen auf. Der rote Faden mit den Bildern hilft dir dabei.

Ausgangssituation

Im Herbst _____

_____

Problem tritt auf

Sie hatten das Problem, dass _____

_____

_____

Problem spitzt sich zu

Plötzlich _____

_____

_____

Lösung!

ABENDESSEN

Doch _____

_____

_____

Folgen der Lösung

Leider _____

_____

_____

> Brauchst du noch mehr Ideen? Hier findest du Wort- und Satzbausteine.

Kinder – Kartoffelfeuer – trauten sich nicht – Kartoffeln aus dem Feuer – half ihnen – deshalb – Wind – heiße Funken – zum Glück – schaffte es – aber – Jubeln – verwandelte sich – Papas Stimme – Abendessen – nur ein Traum – aber zumindest – zum Trost – Ofenkartoffeln

kontrolliert:

Wie könnte sich Klaras Problem zuspitzen?

1 Auf diesen Bildern siehst du, was Klara erlebt hat:

a) Zu welchem Bild passt welcher Notizzettel? Nummeriere.

Schlüssel vergessen – musste warten – dunkle Wolken

Eines Nachmittags – kam nach Hause – keiner da – aber habe ja Schlüssel

Endlich – Motorengeräusch – Mama kam vom Einkaufen

Idee – Zettel an Innenseite von der Haustür – Schlüssel dabei?

b) Betrachte noch einmal Bild 2 und Bild 4. Was könnte auf Bild 3 passieren? Male und notiere Stichpunkte.

_____

_____

_____

_____

_____

_____

Kannst du jetzt Klaras Erlebnis in 5 Sätzen aufschreiben?

Das sind meine besten Tipps aus der Gewürzkiste! Findest du sie in der Geschichte auf S. 36/37 wieder?

Tipp 1: Plane deine Geschichte mit einem 5-Wort-Satz!

Tipp 2: Wörtliche Rede macht deine Geschichte lebendiger!

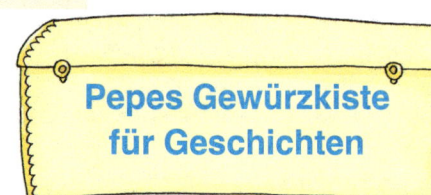

Pepes Gewürzkiste
für Geschichten

Tipp 3: Beschreibe Sinneseindrücke und Gefühle!

Tipp 4: Gestalte deine Sätze abwechslungsreich.

Tipp 5: Denke an meine Spannungsluftballons!

Tipp 6: So wird dein Höhepunkt noch spannender: Schreibe kurze Sätze und wechsel in die Gegenwart.

1 Welche Sprechblase passt zu welchem Bild? Male sie in der passenden Farbe an.

Wo ist bloß dieser Schlüssel?

Höre ich da nicht ein Motorengeräusch? Das könnte Mamas Auto sein!

Nanu, ist etwa keiner zu Hause?

Kein Problem, ich habe ja meinen Schlüssel.

Endlich! Mama ist zurück.

Das darf doch nicht wahr sein! Jetzt muss ich warten!

Oje, da hinten sind ganz schwarze Wolken.

2 Welche wörtliche Rede und welcher Redebegleitsatz gehören zusammen? Verbinde. Markiere alle Satzzeichen.

Wortfeld sagen

„Ich werde gleich einen Zettel an die Innenseite der Haustür hängen.",

fragte ich stolz.

„Und was soll auf dem Zettel stehen?",

erklärte ich ihr mein Vorhaben.

„Schlüssel dabei? Das werde ich auf den Zettel schreiben.",

nahm ich mir vor.

„Ist das nicht eine super Idee?",

fragte meine Mama interessiert.

Wenn der Redebegleitsatz am Ende steht, heißt er nachgestellter Redebegleitsatz.

3 Suche dir zwei Sprechblasen von Seite 40 aus. Schreibe sie als wörtliche Rede mit nachgestelltem Redebegleitsatz auf. Markiere alle Satzzeichen.

_____

_____

_____

_____

_____

_____

Du kannst für die Redebegleitsätze die Satzbausteine aus dem Kasten verwenden!

wunderte ich mich – dachte ich erleichtert – fragte ich beunruhigt – hoffte ich – ärgerte ich mich – jubelte ich – bemerkte ich besorgt

1 Welche Sinneseindrücke werden hier beschrieben?
Kreuze an.

Verben

Riechen	Hören	Tasten
Sehen	Schmecken	Fühlen

Endlich war der Weihnachtsabend da.

Es duftete herrlich nach Plätzchen.

Ich lauschte den besinnlichen Klängen der
Weihnachtslieder.

Da klingelte das Glöckchen für die
Bescherung.

Ich war so aufgeregt!

Am Weihnachtsbaum glitzerten die Kugeln.

Ich probierte ein Plätzchen. Es schmeckte
nach Weihnachten.

Die Geschenke unter dem Baum sahen so
hübsch verpackt aus.

Ich befühlte das größte Geschenk und
versuchte zu ertasten, was darin war.

2 Beschreibe noch mehr Sinneseindrücke zum Thema
Weihnachten. Schreibe 3 Sätze. Das Bild kann dir helfen.

_____

_____

_____

_____

Rede-
wendungen

3 Welche Gefühle drücken diese Redewendungen aus?
Markiere sie in der passenden Farbe.

🔵 Angst 🔴 Mut 🟡 Freude 🟢 Erleichterung

○ beherzt den ganzen Mut zusammen nehmen

○ Mir fällt ein Stein vom Herzen.

○ wie ein Honigkuchenpferd grinsen

○ Mir stehen die Haare zu Berge.

○ Mir rutscht das Herz in die Hose.

○ der Gefahr todesmutig ins Auge sehen

○ drei Kreuze vor Erleichterung machen

○ über das ganze Gesicht strahlen ○ überglücklich sein

○ vor Freude in die Luft springen ○ sich vom Schreck erholen

○ eine Gänsehaut bekommen ○ alles auf eine Karte setzen

> Kennst du noch mehr
> Redewendungen?
> Schreibe sie in deine
> Wörtersammlung.

4 Wie können Überraschungen sein? Kreise passende Adjektive ein.

riesengroß unangenehm wütend

groß

böse

wunderschön angenehm

positiv hoch

tief

erfreut

klein **Überraschung**

kontrolliert: ☆ 43

1 Hier geht es noch abwechslungsreicher!
Lies den Text.

Mein erster Versuch ist ja wohl etwas langweilig geworden!

Eine Stechmücke flog unentwegt durch mein Zimmer.

Die Stechmücke kam summend immer näher.

Die Stechmücke näherte sich zielsicher meinem Ohr.

Die Stechmücke landete jetzt angriffslustig auf meiner Backe.

a) Welche Wörter könnte man in Pepes Text für
„Die Stechmücke" einsetzen? Kreise sie ein.

der Plagegeist   das Insekt

das fliegende Einschlafhindernis   die nächtliche Nervensäge

die Mücke   der kleine Käfer

der nette Kerl   der Störenfried

der Blutsauger   der willkommene Gast

der lustige Strolch   der gemeine Quälgeist

Gestalte deine Sätze abwechslungsreich.

• Verwende unterschiedliche Wörter.
• Stelle deine Sätze um.
• Verbinde deine Sätze mit
  Bindewörtern.

b) Schreibe nun den Text nochmal auf. Ersetze die Stechmücke durch verschiedene Wörter aus Aufgabe a) und stelle die Sätze um. Beginne immer mit dem gelben Satzglied.

Durch mein Zimmer _____

_____

_____

_____

_____

_____

_____

Vergleiche deinen Text mit meinem ersten Versuch. Merkst du den Unterschied?

3 Verbinde immer zwei Sätze mit einem passenden Bindewort. Markiere das Komma.

Binde-wörter

Ich schlug sofort zu. Die Stechmücke saß auf meiner Backe.
Zum Glück traf ich die Mücke. Es war ganz dunkel.
Nun wollte ich schlafen. Der Störenfried war endlich weg.
Doch schon wieder konnte ich nicht einschlafen.
Jetzt tat mir meine Backe weh.

obwohl

als   weil

nachdem

Ich schlug sofort zu, als _____

_____

_____

_____

_____

_____

_____

kontrolliert: ⭐ 45

Geschichte	vor dem Üben			nach dem Üben		
	☆	☆☆	☆ ☆☆	☆	☆☆	☆ ☆☆
Schreibe ich vorab eine stimmige 5-Satz-Geschichte?						
Denke ich an alle Teile der Geschichte?						
Würze ich meine Geschichte mit wörtlicher Rede?						
Beschreibe ich Sinneseindrücke und Gefühle?						
Verwende ich abwechslungsreiche Sätze (unterschiedliche Wörter, umgestellte Sätze, Sätze mit Bindewörtern)?						
Gestalte ich den Höhepunkt besonders aus, zum Beispiel durch kurze Sätze und Gegenwart?						
Erzähle ich in der 1. Vergangenheit?						
Schreibe ich ganze, richtige Sätze? Schreibe ich fehlerfrei?						
Ich bin viel auf Wörterjagd gegangen:						

> Denke an meine Tipps aus der Gewürzkiste für Geschichten (S. 40)!

1 Schätze dich selbst ein. Kreuze die gelbe Spalte an.

2 Schreibe zu den Bildern auf Seite 39 eine Geschichte in der Ich-Form.

3 Vergleiche deinen Text mit der Tabelle und schätze dich jetzt nochmal ein. Kreuze die grüne Spalte an.

1 Woher kommen die Informationen? Verbinde.

In der Zeitung stand, dass ...

Unsere Lehrerin hat uns erzählt, dass ...

In einem Gesetz steht, dass ...

Laut einer Statistik ...

Das sind Informationsquellen für deine Argumente. Welche haben ein starkes Gewicht und welche ein schwächeres?

2 Überlege, was für eine Argumentation wichtig ist. Kreuze an.

☐ Wenn man eine Argumentation schreibt, gibt es Argumente dafür und Argumente dagegen. Das nennt man auch „Pro" und „Contra".

☐ Mit Argumenten kannst du deine Meinung erklären. Es gibt schwache Argumente. Das bedeutet, dass sie nicht so sehr überzeugen. Starke Argumente überzeugen dagegen sehr.

☐ Da meine Meinung gefragt ist, schreibe ich wie ich spreche. Ich verwende Wörter wie „cool" und „super".

☐ Eine Argumentation ist schnell fertig. Es reicht aus, wenn ich kurz und bündig meine Meinung sage.

kontrolliert: ☆

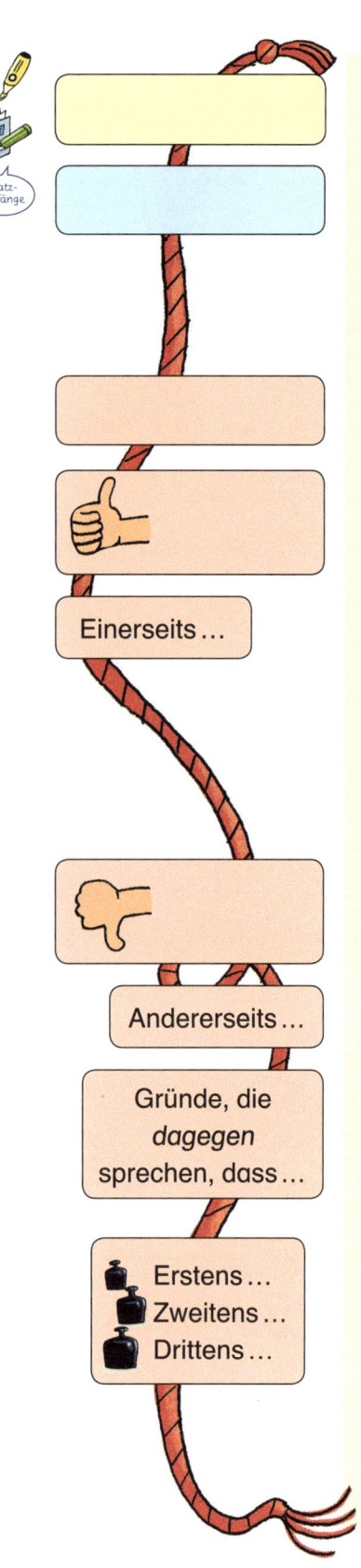

Thema: Darf Spielzeug mit in die Grundschule?

In unserer Klasse fragen immer wieder Kinder nach, ob sie von zu Hause Spielzeug mitnehmen dürfen. Sie möchten damit in der Pause spielen. Es stellt sich also die Frage, ob Spielzeug mit in die Schule genommen werden darf.

Einerseits wünscht sich die Mehrheit der Klasse, dass jeder eigenes Spielzeug mitnehmen darf. In einer Befragung in unserer Klasse möchten 8 von 12 Jungen und 4 von 11 Mädchen dies. Als Grund geben viele an, dass das Spielzeug der Schule kaputt oder unvollständig sei. Außerdem sei nicht genügend Spielzeug für alle Kinder vorhanden. Zwei Kinder geben an, dass ihnen das Pausenspielzeug zu langweilig sei. Deshalb sind sie *dafür*, dass Spielzeug mitgenommen werden darf.

Andererseits gibt es viele Gründe, die *dagegen* sprechen, eigenes Spielzeug zu erlauben.

Erstens besteht immer die Gefahr, dass ein Spielzeug kaputt geht. Das kann vor allem dann für Ärger sorgen, wenn es nicht beim Besitzer kaputt geht, sondern während ein anderes Kind damit spielt. Schließlich macht eigenes Spielzeug in der Schule nur dann Sinn, wenn jeder damit spielen darf. Außerdem kann Spielzeug auch verloren gehen oder im schlimmsten Fall sogar gestohlen werden. Wenn es dann auch noch ein teures Spielzeug ist, ärgern sich nicht nur die Kinder, sondern auch die Eltern. Daher ist es meiner Meinung nach besser, wenn das Spielzeug zu Hause bleibt.

Zweitens gibt es mehr Konflikte, wenn jeder sein Spielzeug dabei hat. Hier ein Beispiel: Wir hatten eine Probewoche „Spielzeug in der Schultasche". Unsere Lehrerin musste dauernd Kinder ermahnen, bei Unterrichtsbeginn das Spielzeug wegzulegen. Manche Kinder ließen andere auch nicht mitspielen. Oder es wurden Gruppen gebildet, bei denen nur die Kinder mit einem bestimmten Spielzeug dabei waren. Das war für alle sehr anstrengend. Daher finde ich es besser, wenn gemeinsam mit dem Spielzeug der Schule gespielt wird und das eigene Spielzeug zu Hause bleibt.

Drittens …

Zusammengefasst möchten zwar einige Kinder ihr Spielzeug mit in die Schule nehmen. Allerdings hat die Erfahrung gezeigt, dass mitgebrachtes Spielzeug für mehr Konflikte sorgt als für gemeinsames Spielen. Deshalb sollte eigenes Spielzeug zu Hause bleiben.

Vielleicht wäre als Kompromiss auch möglich, dass …

Wenn deine Meinung dagegen ist, argumentierst du erst Pro, dann Contra. Bist du dafür, ist es andersherum.

Zusammen-
gefasst…

Hast du eine Idee für einen Kompromiss?

1 Welches Argument wird hier nicht ausgeführt? Kreuze es an.

☐ Die Mehrheit der Klasse möchte eigenes Spielzeug mitnehmen.

☐ Eigenes Spielzeug kann kaputt gehen oder verloren gehen.

☐ Mit eigenem Spielzeug gibt es mehr Konflikte in der Klasse.

☐ Eigenes Spielzeug kann den Unterricht bereichern.

2 Wie ist eine Argumentation aufgebaut? Beschrifte den roten Faden.

| Pro | Hinführung | Überschrift | Argumente | Contra | Fazit |

Die Klasse 4c der Siebenberge-Grundschule fährt ins Schullandheim.
Nun stellt sich die Frage: **Handys im Schullandheim – ist das sinnvoll?**

1 Welche Aussage ist Pro , welche Contra ? Kreuze an.

Aus meiner langen Erfahrung weiß ich, dass es meist große Schwierigkeiten gibt, wenn Handys mit ins Schullandheim genommen werden.

Ja, das sehe ich auch so! Wenn Handys dabei sind, gibt es oft Ärger: Das eine wurde verloren, das andere gestohlen... Da macht das Schullandheim niemandem Spaß.

Umfrage Klasse 4c:
Sollen Handys mit ins Schullandheim?

Dafür: ‖‖ ‖‖ ‖‖   Dagegen: ‖‖ ‖‖

Die Mehrheit der Kinder hat für „Ja" gestimmt. Unsere Handys sind für uns sehr wichtig.

Können wir nicht einfach normal spielen – miteinander und ohne Handy? Das Schullandheim ist doch dazu da, dass wir gemeinsam etwas unternehmen und Spannendes erleben!

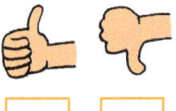

Bei einem Schullandheimaufenthalt handelt sich um eine Schulveranstaltung, bei der dieselben Regeln wie im Unterricht gelten.

In einer Befragung haben wir herausgefunden, dass 5 % aller Kinder und Jugendlichen mediensüchtig sind. Das bedeutet, dass sie sich nicht mehr vorstellen können, ohne ihr Handy, Computerspiele oder Internet zu leben. Wir raten dringend handyfreie Zeiten einzuführen, in denen Kinder bewusst auf ihr Handy und den Computer verzichten.

Hast du noch eine Idee, warum viele Kinder ein Handy mit ins Schullandheim nehmen wollen? Oder warum gerade nicht? Schreibe sie auf.

2 Hier siehst du 5 Argumente, die zu den Aussagen aus Aufgabe 1 passen. Male den Stift in der passenden Farbe an.

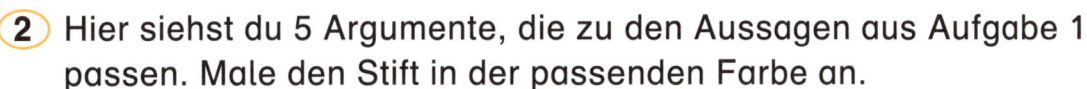

Im Schullandheim gelten dieselben Regeln wie im Unterricht.

Handyfreie Zeiten sind wichtig.

Handys im Schullandheim machen viel Ärger.

Im Schullandheim geht es um Gemeinschaft.

Die Mehrheit der Kinder möchte ein Handy mitnehmen.

1 Sortiere die Argumente *für* und *gegen* Handys im Schullandheim nach Pepes Rezept-Zettel.

Thema: Handys im Schullandheim – ist das sinnvoll?

👍 Pro	👎 Contra

Handyfreie Zeiten sind wichtig.

Im Schullandheim gelten dieselben Regeln wie im Unterricht.

Die Mehrheit der Kinder möchte ein Handy mitnehmen.

Handys im Schullandheim machen viel Ärger.

Im Schullandheim geht es um Gemeinschaft.

So sortierst du deine Argumente!

Schritt 1: Trage das *Argument dafür* in der Tabelle in die Spalte „Pro" ein.

Schritt 2: Wähle von den *Argumenten dagegen* 3 aus, die du am besten findest. Streiche das 4. Argument weg.

Schritt 3: Gewichte deine Argumente.

Das schwächste Argument schreibst du als erstes auf.

Das mittelstarke Argument schreibst du als nächstes auf.

Das stärkste Argument, schreibst du als letztes auf.

Argument: Die Mehrheit der Kinder möchte ein Handy mitnehmen.

Umfrage Klasse 4c:
Sollen Handys mit ins Schullandheim?

Dafür: ✕✕✕ ✕✕✕ |||| Dagegen: ✕✕✕ ✕✕✕

Wir haben für „Ja" gestimmt. Wir möchten endlich mal unsere neuesten Handy-Spiele zusammen spielen.

Wir wollen mit unseren Handys Nachrichten und Fotos an unsere Freunde zu Hause senden.

Ob Pro oder Contra, das ist der Bauplan für jedes Argument.

1 Nun bist du mit dem ersten Argument an der Reihe. Formuliere es nach Pepes Bauplan. Die Wortbausteine und Aussagen der Kinder helfen dir dabei.

_____

_____

_____

_____

_____

_____

_____

_____

_____

Argument beginnen
Die Mehrheit der Kinder …

Argument erklären
In einer Befragung …
Einige Schüler möchten …
Andere wollen …

Argument beenden
Deshalb …

kontrolliert: ☆ 53

Argumentation	vor dem Üben			nach dem Üben		
	☆	☆☆	☆☆☆	☆	☆☆	☆☆☆
Enthält mein Text eine Hinführung, die Seiten Pro und Contra und ein Fazit?						
Wird deutlich, zu welchem Thema ich schreibe?						
Sortiere ich die Argumente? (Pro-Contra, schwach-stark)						
Wähle ich gute und überzeugende Argumente aus?						
Untermauere ich jedes Argument mit einer überzeugenden Erklärung (Beobachtung, Befragung, Zeitungsartikel…)?						
Verwende ich unterschiedliche Satzanfänge und Ausdrücke?						
Mache ich im Fazit einen sinnvollen Vorschlag für einen Kompromiss?						
Ich bin viel auf Wörterjagd gegangen:						

1 Schätze dich selbst ein.
Kreuze die gelbe Spalte an.

Denke daran: Bist du gegen Handys im Schullandheim, ist die Reihenfolge der Argumente zuerst Pro und dann Contra! Bist du für Handys im Schullandheim, ist die Reihenfolge erst Contra, dann Pro!

2 Schreibe eine Argumentation zum Thema „Handys im Schullandheim – Ist das sinnvoll?". Die Ideen von Seite 50 bis 53 können dir dabei helfen.

3 Vergleiche deinen Text mit der Tabelle und schätze dich jetzt nochmal ein. Kreuze die grüne Spalte an.

1 Wo kannst du Informationen für einen Sachtext finden? Kreise ein.

2 Überlege, was bei einem Sachtext wichtig ist. Kreuze an.

☐ Mit einem Sachtext **informiere** ich den Leser über eine Sache, zum Beispiel über ein Tier, eine berühmte Person, eine Erfindung…

☐ Wichtig ist, dass die Informationen im Sachtext in einer **sinnvollen Reihenfolge** geordnet sind. Dafür ist eine **Gliederung** hilfreich.

☐ In jeden Sachtext gehört eine **Portion Spannung** und **viel Gefühl**.

☐ Ich verwende im Sachtext **kurze und gut verständliche Sätze**.

☐ Mit einem Sachtext soll sich der Leser einen guten **Überblick über ein Thema** verschaffen können.

☐ Vor dem Schreiben sammle ich **viele Informationen** zum Thema.

☐ Wenn ich zu einem Thema nicht genügend Informationen finde, kann ich auch **Sachverhalte erfinden**.

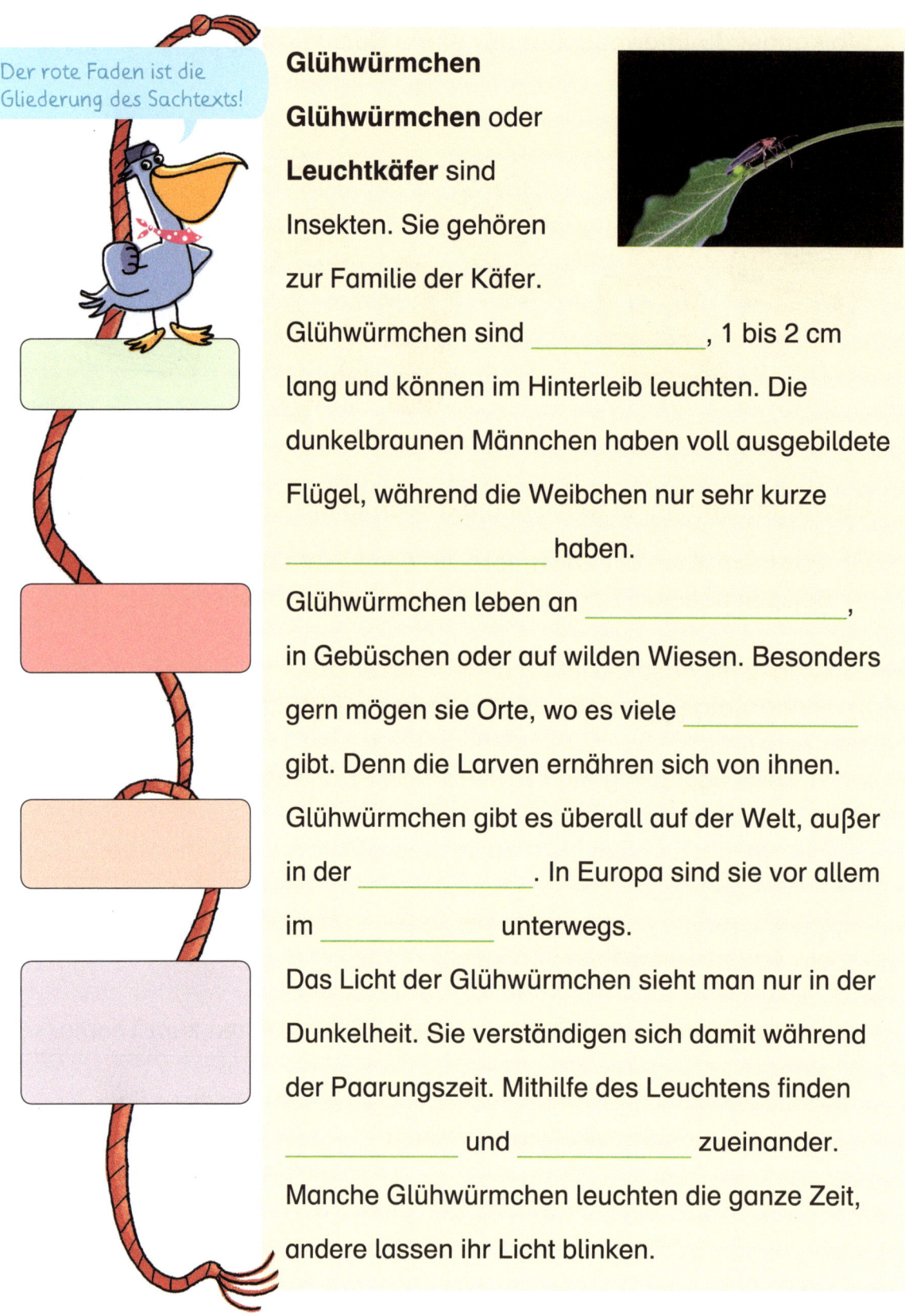

Der rote Faden ist die Gliederung des Sachtexts!

Glühwürmchen

Glühwürmchen oder **Leuchtkäfer** sind Insekten. Sie gehören zur Familie der Käfer.

Glühwürmchen sind _____, 1 bis 2 cm lang und können im Hinterleib leuchten. Die dunkelbraunen Männchen haben voll ausgebildete Flügel, während die Weibchen nur sehr kurze _____ haben.

Glühwürmchen leben an _____, in Gebüschen oder auf wilden Wiesen. Besonders gern mögen sie Orte, wo es viele _____ gibt. Denn die Larven ernähren sich von ihnen.

Glühwürmchen gibt es überall auf der Welt, außer in der _____. In Europa sind sie vor allem im _____ unterwegs.

Das Licht der Glühwürmchen sieht man nur in der Dunkelheit. Sie verständigen sich damit während der Paarungszeit. Mithilfe des Leuchtens finden _____ und _____ zueinander.

Manche Glühwürmchen leuchten die ganze Zeit, andere lassen ihr Licht blinken.

Glühwürmchen haben im Hinterleib _____.

Dort produzieren sie den _____ Luciferin.

Ein bestimmtes Enzym (Luciferase) bringt den

Leuchtstoff Luciferin zum Leuchten. Die

Glühwürmchen können das Leuchten gezielt

einschalten und ausschalten.

1) Trage die Gliederungspunkte der Mindmap an
der richtigen Stelle in den roten Faden ein.

Leuchtstoff
Luciferin

1-2 cm   braun

Aussehen

Wie entsteht
das Leuchten?

Weibchen:
Flügelstummel

Leuchtzellen
im Hinterleib

Glühwürmchen   Verbreitung

überall, außer
in der Arktis

an Waldrändern

Warum leuchten
Glühwürmchen?

in Europa im
Sommer unterwegs

Lebensraum   verständigen
sich damit

Orte mit Schnecken

Männchen und
Weibchen finden
zueinander

2) Ergänze die Lücken im Sachtext mithilfe der Mindmap.

1 Lies die beiden Texte über Geysire. Unterstreiche wichtige Informationen.

Besondere Naturspektakel

Geysire

Hast du schon einmal etwas von Geysiren gehört? Ein Geysir ist eine besondere Art einer heißen Quelle. Er bricht in regelmäßigen Abständen aus. Dabei stößt er das heiße Wasser als Fontäne aus. Ein Geysir ist also so etwas wie ein natürlicher Springbrunnen.

Geysire kommen in Regionen vor, wo es Vulkane gibt.

Durch die Vulkantätigkeit wird das Wasser der unterirdischen Quelle erhitzt. Es kann bis zu 100°C heiß werden. Weil das Wasser unterirdisch nicht schnell genug strömen kann, entweicht es an die Oberfläche. Dabei entsteht ein sehr hoher Druck, sodass das Wasser hoch in die Luft geschleudert wird.

www.geysire.de

WISSEN

Geysire gibt es auf Island, in Russland, Chile, Alaska und den USA.
Bekannte Geysire sind zum Beispiel der Old Faithful im Yellowstone-Nationalpark in den USA oder der Große Geysir auf Island.

Man unterscheidet zwei Arten von Geysiren: Fontänenartige Geysire und düsenartige Geysire. Die fontänenartigen Geysire stoßen das Wasser als Schwall aus, während bei den düsenartigen eher ein schmaler Wasser- oder Dampfstrahl entsteht.

Wusstest du schon?
1870 wurde der erste Geysir entdeckt. Der Old Faithful in den USA.

2 Pepe ordnet die Informationen in einer Mindmap.
Trage die Gliederungspunkte an der richtigen Stelle ein.

Was ist ein Geysir?	So funktioniert ein Geysir

Arten von Geysiren	Verbreitung	Bekannte Geysire

Das Wasser der unterirdischen Quelle wird vom Vulkan erhitzt.

Es entweicht an die Oberfläche.

besondere Art einer heißen Quelle

bricht in regelmäßigen Abständen aus

Geysire

fontänenartige Geysire

Regionen mit Vulkanen

Island

Old Faithful, Yellowstone-Nationalpark USA

3 Ergänze in der Mindmap weitere Informationen aus den beiden Sachtexten.

Schlüssel-
begriffe

1 Welche Überschrift passt zu welcher Mindmap? Trage sie ein.
Eine Überschrift passt zu keiner Mindmap.

Die Glühbirne   **Fledermäuse**   **Regisseur**   **Mutter Teresa**

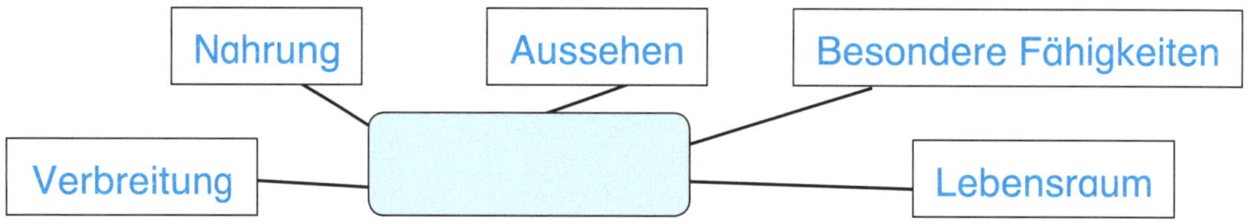

Nahrung   Aussehen   Besondere Fähigkeiten

Verbreitung   Lebensraum

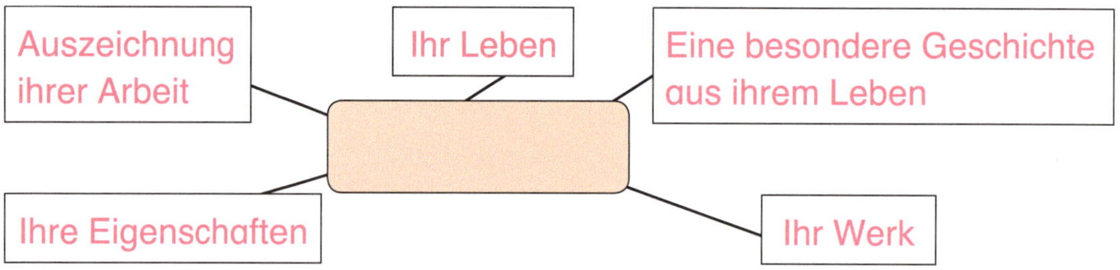

Auszeichnung
ihrer Arbeit   Ihr Leben   Eine besondere Geschichte
aus ihrem Leben

Ihre Eigenschaften   Ihr Werk

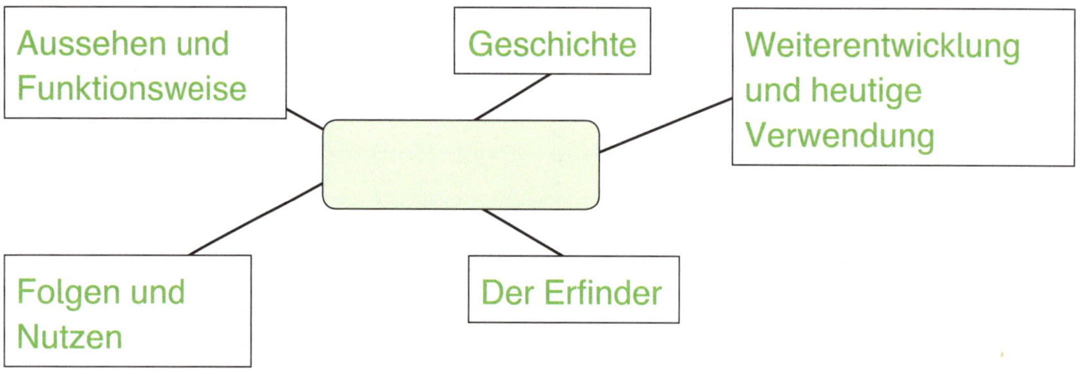

Aussehen und
Funktionsweise   Geschichte   Weiterentwicklung
und heutige
Verwendung

Folgen und
Nutzen   Der Erfinder

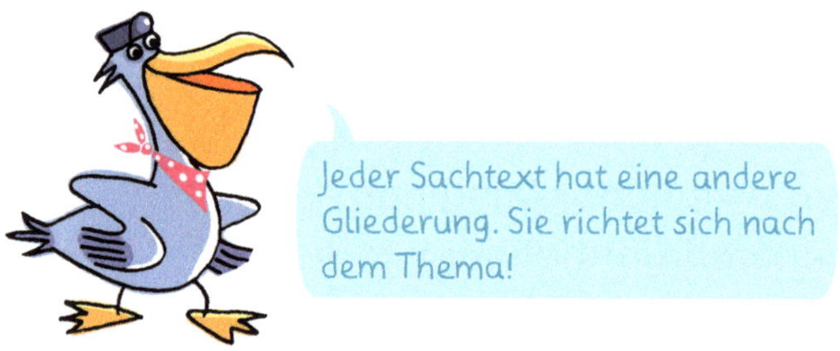

Jeder Sachtext hat eine andere
Gliederung. Sie richtet sich nach
dem Thema!

60

2 Pepe hat die Gliederungspunkte aus der Mindmap in eine unterschiedliche Reihenfolge gebracht.
Welche Gliederung findest du besser? Kreuze an.

☐ **Gliederung Fledermaus**

1. Nahrung
2. Besondere Fähigkeiten
3. Lebensraum
4. Verbreitung
5. Aussehen

☐ **Gliederung Fledermaus**

1. Aussehen
2. Nahrung
3. Lebensraum
4. Verbreitung
5. Besondere Fähigkeiten

3 Bringe die Gliederungspunkte aus den zwei anderen Mindmaps in eine sinnvolle Reihenfolge.

Gliederung: Die Glühbirne

1. _____
2. _____
3. _____
4. _____
5. _____

Gliederung: Mutter Teresa

1. _____
2. _____
3. _____
4. _____
5. _____

Wozu ist eine Gliederung nützlich?

kontrolliert: ☆ **61**

1 Hier sind zwei Sachtexte durcheinander geraten.
Markiere nur die Sätze mit Informationen zu Seepferdchen.

Seepferdchen sind Fische, auch wenn sie keine Flossen haben.
Kängurus gehören zu den Säugetieren. Zum Leben brauchen sie Salzwasser,
deshalb ist ihr Lebensraum das Meer. Sie leben in Australien. Es gibt sie weltweit,
viele von ihnen leben im Pazifischen Ozean. Seepferdchen schwimmen, indem
sie ihren Schwanz durch das Wasser bewegen. Die Beuteltiere bewegen sich
hüpfend fort. Sie sehen nicht wie gewöhnliche Fische aus. Ihr Kopf erinnert an ein
Pferd, ihr Hinterleib sieht eher wie der eines Wurms aus. Ihr langer Schwanz dient
ihnen dazu, beim Hüpfen die Balance zu halten. Ungewöhnlich ist bei den
Seepferdchen auch, dass die Männchen trächtig (= schwanger) werden. Das
Junge kommt ganz winzig auf die Welt und verbringt seine ersten 9 Monate im
Beutel seiner Mutter. Es brütet in seiner Bruttasche bis zu 200 Eier aus. Im
Seegras bringt das Männchen dann die kleinen Seepferdchen zur Welt. Die
Jungen sind von Anfang an auf sich alleine gestellt.

2 Schreibe einen Steckbrief zum Seepferdchen. Überlege dir
sinnvolle Gliederungspunkte für die Informationen.

Steckbrief

Name: Seepferdchen

Tierart: _____

_____ : Meer, Salzwasser

_____ : _____

_____ : _____

_____

_____ : _____

_____

_____

Statt in einer
Mindmap kannst
du Informationen
auch in einem
Steckbrief
sammeln und
ordnen!

Sachtext	vor dem Üben			nach dem Üben		
	☆	☆☆	☆ ☆☆	☆	☆☆	☆ ☆☆
Habe ich vor dem Schreiben Informationen für meinen Sachtext gesammelt, zum Beispiel in einer Mindmap oder in einem Steckbrief?						
Hat mein Text eine gute Gliederung mit sinnvollen Gliederungspunkten?						
Gebe ich die Informationen geordnet zu den Gliederungspunkten wieder?						
Kann sich der Leser durch meinen Text einen schnellen und guten Überblick über das Thema verschaffen?						
Beschreibe ich in einfachen und gut verständlichen Sätzen?						
Habe ich einen eigenen Text mit eigenen Worten geschrieben?						
Ergänze ich meinen Sachtext mit einem passenden Bild oder Foto?						
Ich bin viel auf Wörter- und Satzbausteinjagd gegengen:						

(1) Schätze dich selbst ein. Kreuze die gelbe Spalte an.

(2) Schreibe zum Steckbrief auf S. 62 einen Sachtext über Seepferdchen.

(3) Vergleiche deinen Text mit der Tabelle und schätze dich jetzt nochmal ein. Kreuze die grüne Spalte an.

Brauchst du Hilfe bei der Gliederung? Nimm die Gliederung des Sachtextes über Glühwürmchen als Vorlage und passe sie ein bisschen an.

① Stimmt die **Rechtschreibung**?

⊙ Ist ein Punkt am Satzende?

⊙↑ Sind alle Satzanfänge groß?

↑ Sind alle Nomen groß?

⬯ Schlage das Wort im Wörterbuch nach.

Alles durcheinander?
Macht nix!
Der rote Faden hilft!

 ② Immer am **roten Faden** geblieben?

√ Lege den roten Faden neben deinen
Text und hake ab.

∀̸ Hier fehlt etwas.
Schreibe ausführlich.

✗ Dies gehört nicht hierhin.
Streiche es weg.

 ③ Immer schön **abwechslungsreich**?

☺ Male über jeden schönen Satzanfang und jedes
besonderes Wort ein Lachgesicht.

〜〜
w Dieses Wort wiederholt sich. Suche ein anderes Wort,
das du noch nicht verwendet hast.

Herzlichen Glückwunsch!
Jetzt bist du fertig!

 ④ Ist der Text **übersichtlich** gestaltet und **gut lesbar**?

〜?〜 Dieses Wort kann ich nicht lesen.

⌐ Beginne in einer neuen Zeile.

△ Füge einen Absatz ein.